Éditorial

New York !

New York, ville démesurée et fascinante, mégapole speedée qui se rêve en capitale du monde, cosmopolite et vibrante… Grandie à la verticale sur une petite poignée d'îles gardée par la statue de la Liberté, elle respire à un rythme effréné, dans le bruit, l'agitation, la course au toujours plus, mieux, plus vite. Fief orgueilleux de la finance, à Wall Street, communauté meurtrie après le 11 septembre, New York est repartie de plus belle. Manhattan s'étire de l'East River à l'Hudson, hésitant sans cesse entre étroits canyons de verre et rues ombragées, bordées de maisons en brique.

Sophistiquée le long de Fifth Avenue, intellectuelle et jazzy au cœur de Greenwich Village, bruyante à Times Square ou Broadway, nature dans Central Park, artiste à Chelsea, accro au shopping à Soho ou NoLIta, tout est question d'ambiances ! On peut la jouer musées ou musique, comédie musicale ou balade au grand air, techno ou écolo. Brooklyn, l'immense *borough* voisin, ne démérite pas et déroule ses "villages" si différents, Dumbo, Williamsburg, Brooklyn Heights, foisonnante, cultivée, tantôt rangées de sages *brownstones*, tantôt lofts et entrepôts d'artistes ou même plage populaire. Plus loin, c'est le Queens, métis, qui ne sait s'il est grec, chinois, ou mexicain…

Partout dans la ville, des cafés tendance ou de quartier, des bars *lounge*, des *diners*, des restaurants aux couleurs du monde entier, des marchés aux puces ou des boutiques de haute couture, des clubs de jazz, des salles indépendantes… Avec Cartoville, la ville s'ouvre à vous !

Bienvenue à New York!

- **A** Downtown / TriBeCa
- **B** SoHo / Greenwich Village / Meatpacking / Chelsea
- **C** Chinatown / NoLIta / Lower East Side / East Village
- **D** Times Square / Theater District / Rockefeller Center
- **E** Midtown East / Fifth Avenue
- **F** Upper West Side
- **G** Upper East Side
- **H** Central Park / Harlem
- **I** Brooklyn Heights / DUMBO / BoCoCa / Park Slope
- **J** Williamsburg / Queens

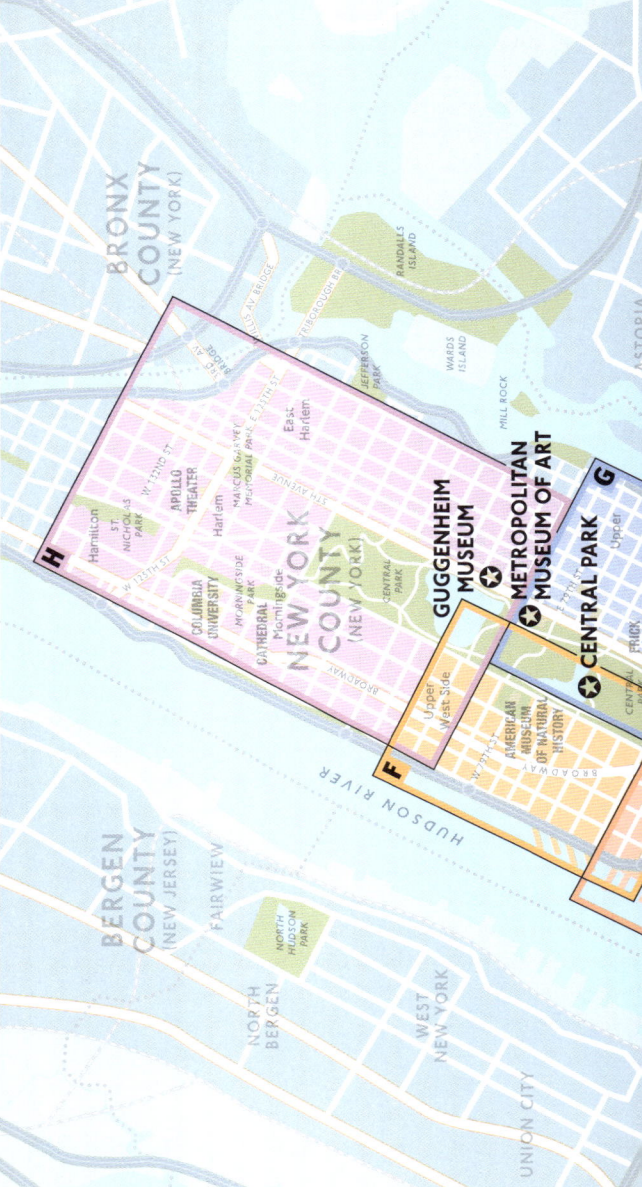

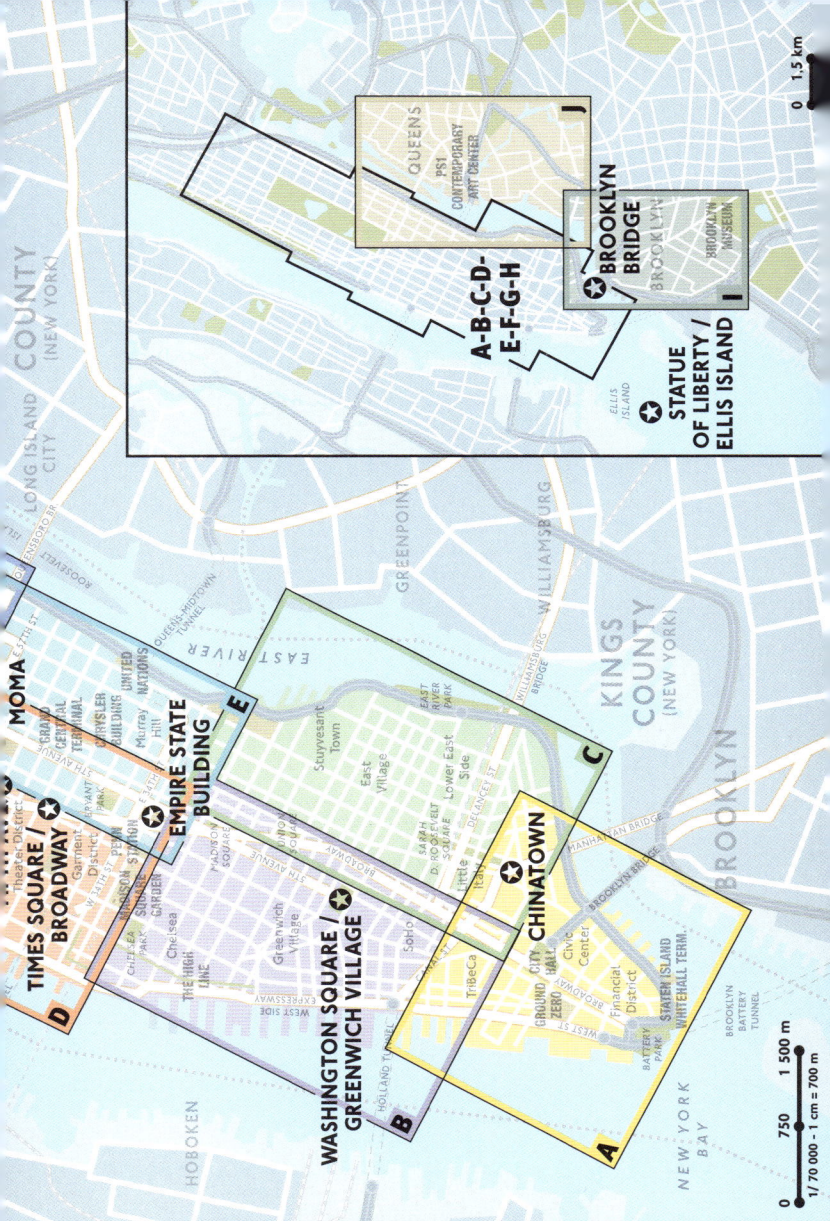

TOP OF THE ROCK

TriBeCa Film Festival
→ *10 j. en avr.*
Festival international de cinéma.

Mai-juin
Memorial Day
→ *Dernier lun. de mai*
Fin de la guerre de Sécession. Recueillement.
Museum Mile Festival
→ *2ᵉ mar. (variable) de juin*
Entrée gratuite dans 9 grands musées.

Juillet-août
Independence Day
→ *4 juil.*
Fête nationale. Célébration de la Déclaration d'indépendance (1776). Feux d'artifice sur l'Hudson.
Mostly Mozart Festival
→ *Mi-juil.-fin août*
Concerts au Lincoln Center (F B5).
Shakespeare in the Park
→ *Variable, généralement début juil.-mi-août*
Théâtre à Central Park.
Tennis US Open
→ *Fin août-début sep.*
Un des quatre tournois du Grand Chelem à Flushing Meadows (Queens).
Restaurant Week
→ *En général, 1 sem. fin août-début sep.*
Voir même festival en jan.

Septembre
Labor Day Weekend
→ *W.-e. précédant le premier lun. du mois (lun. fér.)*
Carnaval caribéen à Brooklyn. Fête du Travail le lun.
Feast of St Gennaro
→ *Une dizaine de j., mi-sep.*
Fête de Saint-Janvier à Little Italy.

Octobre
Columbus Day
→ *2ᵉ lun.*
Fête de la découverte de l'Amérique par Christophe Colomb. Défilé sur 5th Ave.
Halloween Parade
→ *31 oct.*
Grande fête costumée populaire. Impressionnant défilé de nuit sur 6th Ave. au départ de West Village.

Novembre
Marathon de New York
→ *En général, 1ᵉʳ ou 2ᵉ dim. du mois*
De Staten Island à Central Park, à travers les 5 boroughs.
Thanksgiving
→ *4ᵉ jeu.*
Célébration de la première récolte des colons sur le sol américain (1621). Fête familiale. Fantastique parade sur Broadway entre Central Park et Macy's.

Décembre
Illuminations de Noël
→ *Durant tout le mois*
En particulier les vitrines des grands magasins et le sapin de Noël du Rockefeller Center (D E2).
Christmas Day
→ *25 déc.*
Noël, fêté en famille.
New Year's Eve
→ *31 déc.*
Foule réunie à Times Square (D E3) pour la descente de la New Year's Eve Ball et le

ARCHITECTURE

Style fédéral (1780-1830)
Importation du style néoclassique anglais. **City Hall (A** D2)
Greek Revival (1815-1850)
Style nourri du classicisme grec. **Federal Hall (A** D3)
Gothic Revival (1830-1880)
Inspiré du gothique européen fin XIIᵉ-XVᵉ s. **Trinity Church (A** C3)
Styles italianisant et Second Empire (1880-1900)
Mélange des styles haussmannien et Renaissance italienne. *Brownstones* (maisons de grès couleur chocolat) : **Washington Square (B** C4).
Utilisation de nouveaux matériaux comme le *cast iron* (fonte moulée).
Soho Historic District (B D5)
Beaux-Arts (1890-1920)
Mélange de classicisme et de baroque. **New York Public Library (E** F3)
L'ère des gratte-ciel (XXᵉ-XXIᵉ s.)
À la fin du XIXᵉ s., l'école de Chicago imagine les premiers gratte-ciel. Ils s'habilleront des styles gothique – **Woolworth Building (A** C2) –, néo-Renaissance – **Flatiron Building (B** D1) –, Art déco – **Chrysler Building (E** B4) –, international – **United Nations (E** D3) – et Late Modern – **NY Times Building (D** D3) et la **Freedom Tower**, sur le site de **Ground Zero (A** C3).

LA STATUE DE LA LIBERTÉ

BOROUGHS NEW-YORKAIS

CARTE DE VISITE

- 5 districts (boroughs) : Manhattan, Bronx, Queens, Staten Island et Brooklyn
- 8,2 millions d'hab. (1,6 million à Manhattan)
- Environ 47 millions de visiteurs par an
- 1$ = 0,73€

FORMALITÉS

→ www.office-tourisme-usa.com
→ https://esta.cbp.dhs.gov/esta

Pour les Français, exemption de visa, sauf pour les anciens modèles et certains passeports à lecture optique délivrés après le 26 oct. 2005. Sans visa, formulaire ESTA obligatoire, à remplir en ligne au plus tard 72h avant le départ. Tarif 14$.

INTERNET

→ www.nycgo.com
Office de tourisme de New York.
→ newyork.hopstop.com
Calculateur de trajet.
→ www.nyc-architecture.com
Tous les gratte-ciel et des balades à thème.

Wi-Fi
La ville est très équipée, mais la connexion souvent chère. Vérifier que le Wi-Fi est inclus dans le tarif de sa chambre d'hôtel. Connexion gratuite dans les *public libraries*, à Battery Park, City Hall Park, Chelsea Market, Bryant Park, Metropolitan Museum, etc.

INFORMATIONS TOURISTIQUES

Office de tourisme
→ Tél. 212 484 1200
Le numéro central.
Official NYC Information Center (D E1)
→ *810 7th Ave. / W 53rd St*
Tél. 212 484 1222
Lun.-ven. 8h30-18h,
w.-e. 9h-17h, j. fér. 9h-15h
NYC Information Center City Hall (A C2)
→ *Broadway / Park Row*
Lun.-ven. 9h-18h, w.-e. 10h-17h
Brooklyn Tourism & Visitor Center (I B3)
→ *209 Joralemon St*
Tél. 718 802 3846 Lun.-ven. 10h-18h www.visitbrooklyn.org
Attractions et spectacles à Brooklyn.

TÉLÉPHONE

France-NYC
→ 00 1 + numéro à 10 chiffres
NYC-France
→ 011 33 + numéro sans le 0 initial
À New York
→ Quel que soit le borough, n° à 10 chiffres
Numéros utiles
Police, pompiers
→ Tél. 911
Urgent Care Center
→ Tél. 212 737 1212 Tlj. 24h/24
Urgences médicales.
MTA Lost and Found
→ Tél. 212 712 4500
Objets trouvés (bus, métro).

CALENDRIER

Jours fériés
→ 1er jan., 3e lun. de jan. (Martin Luther King Day), 3e lun. de fév. (Presidents' Day), dernier lun. de mai (Memorial Day), 4 juil. (Independence Day), 1er lun. de sep. (Labor Day), 2e lun. d'oct. (Columbus Day), 11 nov. (Veterans' Day), 4e jeu. de no (Thanksgiving), 25 déc.
Janvier-février
Martin Luther King Da
→ 3e lun. de jan.
Fête de la naissance du pasteur. Parade sur 5th A
Chinese New Year's Festival
Nouvel An chinois. Carnaval à Chinatown.
Restaurant Week
→ En général, 1 sem. fin jan.
Menus plus accessibles (25-35$) dans les grands restaurants.
Mars
Saint Patrick's Day
→ 17 mars
Parade des Irlandais catholiques sur 5th Ave.
The Armory Show
→ 1 sem.
Foire d'art contemporain, aux Piers 92 et 94 (**D** B1).
Mars-avril
Easter Sunday
→ Dim. de Pâques
Défilé sur 5th Avenue.

Les incontournables

Les 10 lieux de visite à ne manquer sous aucun prétexte !

✪ Statue of Liberty / Ellis Island (A A4)

Emblème de New York et de l'Amérique, *La Liberté éclairant le monde*, offerte par la France aux États-Unis pour leur 100ᵉ anniversaire, se dresse sur un îlot, à l'entrée du port. À quelques centaines de mètres, Ellis Island servit de centre d'accueil à des millions d'immigrants, au rythme moyen de 5 000 par jour. Pour eux, c'était l'entrée dans un nouveau monde et l'espoir d'un avenir meilleur.

✪ Washington Square / Greenwich Village (B C4)

Washington Square ? Le salon bohème de la ville, où artistes, étudiants, joueurs d'échecs et musiciens se relaient pour composer une ambiance bobo cool au bord de la fontaine. Tout autour, dans Greenwich Village, clubs de jazz, bars branchés et rues ombragées invitent à la flânerie, sur les traces des poètes disparus de la grande époque contestataire.

✪ Chinatown (C A6)

Entre les étals de contrefaçons bon marché et les bazars au kitsch rouge et or, c'est toute une ville chinoise qui se presse dans ces quelques rues. Marchés odorants aux légumes étranges, herboristeries, joueurs de mah-jong dans les parcs racontent l'une des communautés les plus dépaysantes de New York.

✪ Times Square / Broadway (D E3)

Avec ses immenses panneaux publicitaires, ses néons multicolores, ses étals et boutiques en tout genre, Times Square est le cœur névralgique de New York, bruyant, animé, irrésistible. Dès que la nuit tombe, le kaléidoscope de ses lumières clignotantes offre un fascinant décor. Les visiteurs du monde entier sont aimantés par la profusion des théâtres, le long de Broadway, où les grandes affiches vantent spectacles et comédies musicales, devant l'incessant ballet des taxis jaunes.

✪ Rockefeller Center (D E2) / Fifth Avenue (E A1-A6)

Premier grand ensemble urbain de New York, avec ses treize bâtiments Art déco d'origine, Rockefeller Center s'organise autour de sa célèbre *plaza* encadrée de drapeaux. Gardée par un énorme *Prométhée* doré, elle accueille, selon la saison, une patinoire ou une agréable terrasse. Le plus haut de ses édifices dévoile une vue époustouflante sur la ville et Central Park. Non loin de là, Fifth Avenue déroule sa portion la plus spectaculaire, entre enseignes de luxe et buildings miroitants.

✪ Art moderne au MoMA (D F1) et au Guggenheim Museum (H C6)

Impossible de manquer le Museum of Modern Art, peut-être le plus beau musée d'Art moderne au monde, ronde inimaginable de chefs-d'œuvre (Monet, Matisse, Picasso, Hopper, Warhol, etc.). Une découverte qui se poursuit au Guggenheim Museum, à la prodigieuse architecture hélicoïdale de Frank Lloyd Wright.

✪ Empire State Building (E A5)

Depuis 1931, date de sa construction, c'est le meilleur endroit pour contempler la ville d'en haut. Son profil inimitable, coiffé d'une fine antenne, connut la gloire cinématographique dès 1933, quand King Kong y déposa sa blonde fragile. Cadre de multiples scènes romantiques, comme dans *Elle et Lui* (1957), avec Cary Grant et Deborah Kerr, sa terrasse offre un merveilleux panorama sur la forêt des gratte-ciel.

✪ Central Park (G A2)

C'est le poumon vert de New York, un grand espace de nature sauvage au milieu des gratte-ciel, un luxe invraisemblable au train où va l'immobilier. Central Park déroule ses plans d'eau, ses collines boisées, ses chemins secrets, ses esplanades Belle Époque, ses pelouses en pente douce. On y va pour courir, ramer, patiner, lire, conter fleurette, marcher, rêver. On y est au paradis.

✪ Metropolitan Museum of Art (G B1)

Parmi les plus grands musées du monde, le Met, comme on le dénomme, offre un merveilleux voyage à travers cinq millénaires d'art et d'histoire sur tous les continents. Les collections sont d'une telle richesse qu'une journée ne suffit pas à tout voir ! Grands maîtres européens de la peinture et de la sculpture du Moyen Âge au XIXᵉ s., impressionnistes ou peintres américains, trésors précolombiens ou totems du Pacifique, céramique grecque ou sculptures bouddhiques, le choix est vertigineux...

✪ Brooklyn Bridge (I A1)

Lancé, de 1870 à 1883, entre les deux berges de l'East River, ce pont relie la partie basse de Manhattan à Brooklyn. La silhouette si particulière de ses deux énormes pylônes en pierre grise en fait l'un des plus beaux symboles de New York. La balade sur sa voie piétonne, tôt le matin ou au crépuscule, donne tout le recul nécessaire sur les gratte-ciel du Financial District et les bateaux qui sortent du port ou y entrent.

New York pratique

CENTRAL PARK

ROCKEFELLER CENTER

MOMA

TIMES SQUARE

VUE SUR MANHATTAN DU HAUT DE L'EMPIRE STATE BUILDING

New York pratique

ÉCHAPPÉES

Manhattan
The Cloisters
→ *Fort Tryon Park M° 190th St (ligne A) Tél. 212 923 3700 Mars-oct. : tlj. 10h-17h15 ; nov.-fév. : tlj. 10h-16h45*
Des cloîtres médiévaux importés d'Europe !

Morris-Jumel Mansion
→ *Jumel Terrace / 160th St M° 163rd St (C) Mer.-dim. 10h-16h*
Sur les hauteurs de Harlem, une demeure palladienne de 1765.

Queens
Flushing Meadows-Corona Park
→ *M° Mets-Willets Point (7)*
Le parc de l'Exposition universelle de 1939.

Brooklyn
Coney Island
→ *M° Coney Island (D, F, N, Q)*
La plage à New York !

Brighton Beach
→ *M° Brighton Beach (B)*
L'Ukraine sur mer.

Bronx
New York Botanical Garden
→ *2900 Southern Blvd M° Bedford Park Blvd (B, D, 4) Tél. 718 817 8700 Mars-déc. : mar.-dim. 10h-18h ; jan.-fév. : mar.-dim. 10h-17h*
Un des plus grands jardins botaniques au monde...

Bronx Zoo
→ *Bronx River Parkway M° Pelham Parkway (2, 5) Tél. 718 367 1010 Tlj. 10h-17h (16h30 hiver)*
... et l'un des plus grands zoos !

Hamptons
→ *Train LIRR Penn Station-Westhampton (2h, 54$ A-R) Bus Hampton Jitney Upper East Side-Westhampton (2h30, 54$ A-R)*
La plage à 2h de NY !

---

me de wagon. Cuisine
éricaine classique :
helettes, burgers,
lades, viandes...
urboires ("tips")
viron 18-25 %. Un bon
yen de calculer :
ltiplier la taxe (indiquée
 la note) par 2 et rajouter
 peu. Bars : 1$ par verre.
eservation
ur éviter la queue,
uvent interminable, pour
oir une table, réserver
aque fois que possible.
ès pratique, le site *www.bentable.com* : on y choisit
heure et le restaurant.

SHOPPING

SoHo ou NoLIta pour
es boutiques branchées,
hinatown pour l'exotisme,
r 5th Ave. pour les
haînes et grands
agasins, sur Madison Ave.
our les créateurs.
oldes
eux fois par an, à Noël et en juil.-août. Aussi au bon vouloir des boutiques.

SORTIES

Réservation spectacles
Ticketmaster
→ *Tél. 212 307 4100 / 212 307 71 71 (théâtre et concerts) www.ticketmaster.com*
Réservation et achat de places de théâtre.

TKTS Broadway (D)
→ *Duffy Square Broadway / 47th St Mer.-lun. 15h-20h (19h dim.), mar. 14h-20h Matinées : mer., sam. 10h-14h ; dim. 11h-15h www.tdf.org*
Billets spectacles réduits (- 25 à - 50 % + com. 4$) le jour même (en espèces).

Info spectacles, cinéma
The Village Voice
→ *Tous les mer. (gratuit)*
Time Out New York
→ *Tous les mar. (kiosque)*
New York Mag
→ *www.nymag.com*

Bars
Pièce d'identité obligatoire.
Interdits aux - de 21 ans.

POINTS DE VUE

Empire State Building (E A5**)**
→ *350 5th Ave. / 33rd St*
Exceptionnel point de vue sur Downtown.

Top of the Rock (D E2**)**
→ *30 Rockefeller Plaza 50th St (entre 5th et 6th Ave.)*
Panorama sur Midtown et Central Park.

Brooklyn Heights Promenade (I A2**)**
Vue magnifique sur le pont de Brooklyn et Manhattan.

Battery Park (A C4**)**
Un vaste parc face à la baie de New York.

Roosevelt Island Tramway (G D4**)**
→ *E 60th St / 2nd Ave. Tlj. 6h-2h (3h30 ven.-sam.)*
En téléphérique jusqu'à Roosevelt Island, au-dessus de l'Upper East Side.

NEW YORK EN ÎLES

New York City (789 km²) occupe 3 îles principales : **Manhattan** (60 km²), **Staten Island** et une partie de **Long Island** (*boroughs* de Queens et de Brooklyn). Seul le Bronx, au nord, est bâti sur le continent. La ville est séparée du New Jersey par l'Hudson River.

HEURES NEW-YORKAISES

Quand il est midi à Paris, il est 6h du matin à New York.
5 am = 6h ; 6 pm = 18h ;
12 am = 0h ; 12 pm = 12h

CONEY ISLAND

GREENWICH VILLAGE, MCDOUGAL STREET

L'AILLEURS À NEW YORK

Chinatown (C A6)
L'Asie en plein cœur de Downtown, entre marché exotique, restaurants et bazars.
Little Italy (C A5)
Restaurants et trattorias italiens sur Mulberry St.
Harlem (H B1-C1)
L'Afrique, l'Amérique latine et l'Italie dans le plus vaste quartier de Manhattan.
Little Ukraine (C A2)
→ Entre 3rd et A Aves
Autour de Saint George's Church : l'Ukrainian Museum et des restaurants comme à Kiev.

écompte en chiffres mineux à partir de 23h59.

RGENT

axes
tention, une taxe de 8,875 % est ajoutée aux prix fichés sur tous les biens e consommation courante nourriture, CD, DVD, hi-fi) auf dans l'habillement our des achats inférieurs à 110$.

udget
ne chambre standard : 20-280$
n repas : 20-30$
n café : 3-5$
n verre de vin : 10-15$
ne entrée au musée : 20$
n show à Broadway : 20-150$

arifs réduits musées
our les étudiants et +s + de 60 ans. Variable.

ratuité musées
es tarifs des musées sont ouvent élevés : alors mieux aut connaître ces astuces !

Pay-What-You-Wish
→ *Donation suggérée au Met, au Museo del Barrio, au Brooklyn Museum, au MoMA PS1, au Museum of the City of NY, etc.*
Gratuité ou Pay-What-You-Wish hebdomadaire
→ *Jeu. 19h-21h au New Museum of Contemporary Art, 18h-21h au MAD, 11h-21h Museum of Chinese in America*
→ *Ven. 16h-20h au MoMA, 18h-21h au Whitney Museum, 18h-21h à l'Asia Society, 18h-20h à la New York Historical Society, 19h-21h au Morgan Library, 19h-22h Rubin Museum of Art ; 10h-17h au Noguchi et 18h-20h à la Neue Galerie le 1er ven. du mois*
→ *Sam. 17h45-19h45 au Guggenheim*
→ *Dim. 11h-13h à la Frick Collection, 12h-18h au Studio Museum in Harlem*
Carte City Pass
→ *Guichets des musées et monuments concernés Prix 106$ (valable 9 j.)*

Libre accès à diverses attractions : Empire State Building, Top of the Rock, Metropolitan Museum, Guggenheim Museum, American Museum of Natural History, MoMA, etc.

HORAIRES

Restaurants
→ *En général, tlj. 11h-23h30 (env.), pause 15h-17h/18h*
Ferment souvent plus tôt le dim. (parfois la journée).
Magasins
→ *En général, tlj. 10h-19h Grands magasins : tlj. 9h-20h30*
Musées
→ *En général, 10h-17h Caisses fermées 30 min avant*
Ouvert 24h/24
Restaurant
Yaffa Café **(C** B3)
→ *97 St Mark's Pl.*
Tél. 212 674 9302
Pharmacie
Duane Reade **(D** D1)
→ *250 W 57th St / Broadway*
Tél. 212 265 2101

SE RESTAURER

Près de 20 000 restaurants et toutes les cuisines du monde.
Spécialités
À goûter impérativement : un bon burger dans un bar, un Reuben sandwich (pain grillé, pastrami ou corned-beef, chou) dans un *delicatessen*, des huîtres frites ou un *clam chowder* (soupe aux palourdes), un New York cheese-cake.
Bars ou restaurants ?
À New York, on peut boire un verre dans un restaurant et commander un steak dans un bar. Pas toujours évident de distinguer les deux !
"Delicatessen"
Épiceries-traiteurs de spécialités juives. Dans certains, comme le célèbre Katz's Deli **(C** B4), on peut manger sur place. Bagels, sandwichs au pastrami...
"Diners"
À l'origine, restaurants en

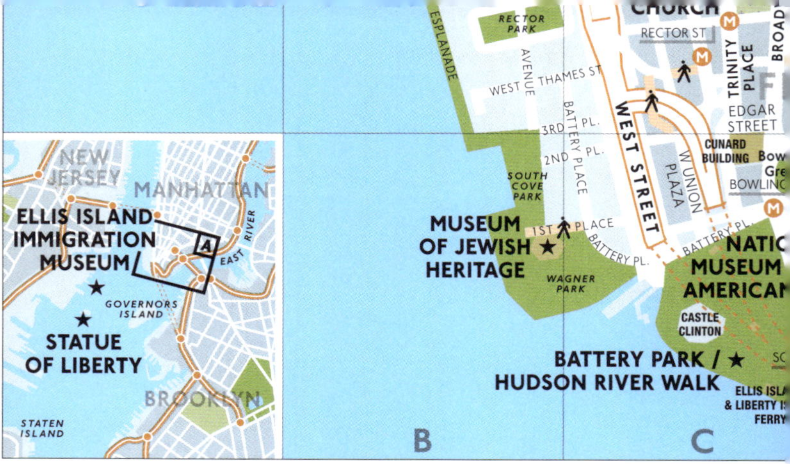

WALL STREET

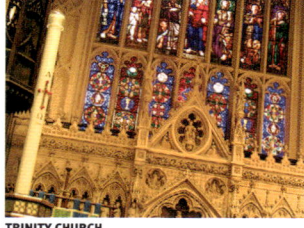
TRINITY CHURCH

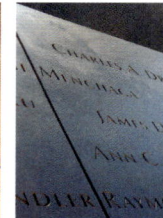
GROUND ZERO

★ Statue of Liberty (A A4)
→ Ferry de Battery Park
Tél. 877 523 9849
Hiver : tlj. 9h30-15h30 ;
été : tlj. 8h30-16h30
Élaborée à Paris par Auguste Bartholdi, *La Liberté éclairant le monde* est acheminée vers New York, remontée et inaugurée en 1886. À l'intérieur, une charpente d'acier impressionnante signée Gustave Eiffel. Au 2e étage, une exposition raconte l'histoire de la Dame verte.

★ Ellis Island Immigration Museum (A A4)
→ Ferry de Battery Park
Tél. 877 523 9849
Hiver : tlj. 9h30-15h30 ;
été : tlj. 8h30-16h30
Lieu de mémoire capital pour les États-Unis : y transitèrent, pour être enregistrés, 15 millions d'immigrants. Dans l'édifice néo-Renaissance (1900), l'émouvant musée de l'Immigration. À voir, le registre reconstitué avec les nom et profession des arrivants, des valises, photos et objets personnels d'époque. Fabuleuse muséographie interactive.

★ Battery Park / Hudson River Walk (A C4)
L'ancien site de batterie d'artillerie au XIXe s., transformé en jardin. Au centre, Castle Clinton, édifié en 1812, servait à défendre l'île contre les Britanniques. Idéal pour un pique-nique, face à Staten Island et à la statue de la Liberté. Puis cap vers le nord, le long de l'Hudson : promenade verte et vivifiante, ponctuée de bancs au bord de l'eau, de l'anse de South Cove jusqu'au port de plaisance de North Cove et aux terrasses de cafés du World Financial Center.

★ National Museum of the American Indian (A C4)
→ 1 Bowling Green
Tél. 212 514 3700
Tlj. 10h-17h (20h jeu.)
Installé dans l'ancien h des Douanes, le musée Indiens d'Amérique se à l'emplacement même le gouverneur Stuyvesa acheta l'île aux autocht en 1626 ! Des expositi présentent l'histoire de "nations" indiennes.

★ Museum of Jewis Heritage (A B4)
→ 36 Battery Pl.
Tél. 646 437 4202
Mi-mars-oct. : dim.-ven. 1 17h45 (20h mer. ; 17h ven. nov.-mi-mars : dim.-ven. : 17h45 (20h mer. ; 15h ven
L'histoire culturelle et s des Juifs d'Europe au si dernier, la montée du nazisme, l'horreur de

▶ Plan B

Downtown / TriBeCa

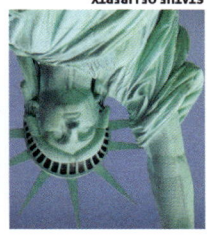
STATUE OF LIBERTY

ELLIS ISLAND IMMIGRATION MUSEUM

BATTERY PARK / HUDSON R

Downtown / TriBeCa

Downtown, temple du commerce et de la finance, vit le jour au rythme frénétique de son symbole, Wall Street. À South Street Seaport, le port originel de New York aligne agréables cafés et boutiques, aux côtés de vieux gréements. De la pointe sud se détache l'emblème de New York : *La Liberté éclairant le monde*. Elle se profile dans l'axe de la Freedom Tower, qui se dresse désormais sur le site de Ground Zero. Au nord, TriBeCa (Triangle Below Canal St) et ses édifices industriels devenus lofts et restaurants chics.

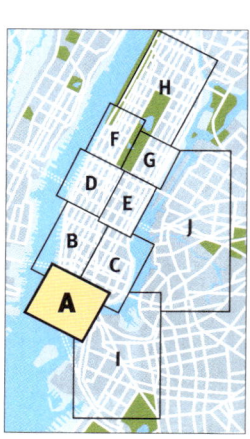

GREENWICH GRILL

LOCANDA VERDE

RESTAURANTS

Bubby's (A B1)
→ *120 Hudson St*
Tél. 212 219 0666 Tlj. 24h/24 (fermeture le mar. de 0h à 7h)
Ce *diner* familial est devenu une institution à TriBeCa : on peut y goûter des pancakes moelleux le matin, le *mac 'n' cheese* ou le pain de viande plus tard, ou peut-être une part de tarte maison au milieu de la nuit ! Plat 5-28$.

Zaitzeff (A D3)
→ *72 Nassau St*
Tél. 212 571 7272
Tlj. 6h (10h w.-e.)-oh
Burgers savoureux et bien assaisonnés, y compris végétariens, à l'une des quelques tables de ce mignon fast-food. Burger 9-20$.

Dim Sum Go Go (A E1)
→ *5 E Broadway*
Tél. 212 732 0797 Tlj. 10h-23h
Décor moderne un peu froid mais impeccable, que compense le vaste choix de *dim sum*, petits raviolis chinois frits ou à la vapeur, et de plats variés. Assiette de dégustation de dix pièces 13-16$, ou plat chinois plus classique 10-20$.

Adrienne's Pizza Bar (A D4)
→ *54 Stone St Tél. 212 248 3838*
Tlj. 11h30-0h (22h dim.)
Une petite enseigne animée, réputée pour ses pizzas maison et ses salades, accompagnées d'une sélection de vins. Terrasse dans la ruelle pavée dès qu'il fait beau. Pizza 12-20$.

Greenwich Grill (A B1)
→ *428 Greenwich St*
Tél. 212 274 0428
Lun.-ven. 12h-14h30, 17h30-22h30 (23h ven.) ; sam. 17h30-23h ; dim. 17h-22h
Une adresse à double détente : restaurant plutôt gastronomique et raffiné au rdc, doublé d'une très bonne table à sushis et autres spécialités japonaises au sous-sol (menu 80-100$). Lumières tamisées et ambiance romantique. Menu 32-48$, plat 14-32$.

Locanda Verde (A B1)
→ *377 Greenwich St*
Tél. 212 925 3797 Tlj. 8h-15h, 17h30-23h (23h30 dim.)
L'esprit bistrot et l'ambiance conviviale de cette adresse à la mode vont de pair avec une bonne cuisine italienne du marché. Pâtes ou plat 20-34$.

CAFÉS, PÂTISSERIE, BARS

Baked by Melissa (A D2)
→ *110 Fulton St*

 PARK PATISSERIE  EDWARD'S  LIQUOR STORE

Tél. 212 842 0220
Lun.-ven. 8h-22h (23h ven.),
w.-e. 9h-23h (22h dim.)
Une échoppe de Lilliputien pour des micro cupcakes légers et originaux.

Duane Park Patisserie (A B2**)**
→ *179 Duane St*
Tél. 212 274 8447
Lun.-sam. 8h-19h, dim. 9h-17h
Madeline est une pâtissière hors pair, dont les miniatures au chocolat sont à fondre, autant que les jolies verrines et les cookies extravagants, que l'on peut accompagner de thé, café ou chocolat chaud.

Edward's (A B1**)**
→ *136 W Broadway*
Tél. 212 233 6436 Tlj. 9h-0h
Un de ces lieux sympathiques, vivants et chaleureux dont New York a le secret, à la fois café, bar et restaurant sans chichis. On y mange à bon compte ou on y fait une pause à toute heure. Plat à partir de 14$.

Terroir (A B1**)**
→ *24 Harrison St*
Tél. 212 625 9463
Tlj. 16h-1h (23h dim.)
Prestigieux mais pas élitiste, ce "bar à vin du peuple" offre une sélection bien sentie de nectars du Vieux et du Nouveau Monde, ainsi que des bières de microbrasseries. Entrées, fromages et desserts pour les accompagner. Plat 5-20$.

Smith & Mills (A B1**)**
→ *71 N Moore St/ Greenwich St*
Tél. 212 226 2515
Tlj. 11h-2h (3h jeu.-sam.)
Le dernier lieu hype de TriBeCa, logé dans un ancien relais de poste, cultive le style récup' : meubles vintage, banquettes capitonnées ou chaises métalliques, plans de navires jaunis aux murs, et une cabine d'ascenseur qui fait office de WC ! Large sélection d'alcools, salades et assiettes. Plat 12-36$.

Weather Up (A C2**)**
→ *159 Duane St*
Tél. 212 766 3202 Tlj. 17h-2h
Carrelage blanc style métro, murs en brique et long bar doublé de laiton, l'endroit est branché sans être snob. Dans un joyeux brouhaha, on y déguste huîtres ou caviar, un peu chers, et quelques snacks plus abordables.

Brandy Library (A C1**)**
→ *25 N Moore St/ Varick St*
Tél. 212 226 5545
Dim.-jeu. 17h-1h (2h jeu.), ven.-sam. 16h-4h
Approche savante du cocktail dans cette "bibliothèque du brandy", élégante et feutrée, où l'on reste impressionné par le choix d'alcools ! Piano jazz le lundi soir, choix de cigares à fumer en terrasse.

SHOPPING

Abercrombie & Fitch (A D3**)**
→ *199 Water St*
Tél. 212 809 9000 Lun.-sam. 10h-21h, dim. 11h-20h
Autrefois marque préférée des pêcheurs et des campeurs, Abercrombie & Fitch est populaire chez les adolescents qui aiment le style campus américain. Bondé, sombre et bruyant, mais ils adorent ! Autres boutiques en ville dont celle du *720 5th Ave* **(E** A1**)**.

Nili Lotan (A B2**)**
→ *188 Duane St*
Tél. 212 219 8794
Tlj. 12h-19h (18h dim.)
Tout le chic minimaliste des New-Yorkaises en vogue, dans une boutique-galerie. Un choix relativement restreint mais de très belles matières et une coupe irréprochable.

Liquor Store (A C1**)**
→ *235 W Broadway*
Tél. 212 226 5476
Lun.-sam. 11h-20h (19h sam.), dim. 12h-18h
Comme son nom ne l'indique pas, les vêtements *casual chic* pour homme de la marque J.Crew ont investi cet ancien bar plein de caractère, transformé en boutique très tendance.

Century 21 (A C3**)**
→ *22 Cortlandt St*
Tél. 212 227 9092 Lun.-ven. 7h45-21h (21h30 jeu.-ven.), sam. 10h-21h, dim. 11h-20h
Le supermarché des marques : Ralph Lauren, Calvin Klein, Marc Jacobs, Tommy Hilfiger et bien d'autres sont ici soldées de 40 à 70 %. Mais il faut fouiller !

J&R Music and Computer World (A C2**)**
→ *1 Park Row*
Tél. 800 806 1115
Lun.-ven. 10h-19h (19h30 jeu.-ven.), w.-e. 11h-19h
Un très grand choix de CD (classique, jazz, rock, pop), de matériel hi-fi, photo et informatique à prix réduit. Personnel accueillant et compétent.

Philip Williams Posters (A C2**)**
→ *122 Chambers St*
Tél. 212 513 0313
Lun.-sam. 11h-19h
Rendez-vous des passionnés et collectionneurs d'affiches anciennes, de cinéma ou de voyage, et de réclames gentiment nostalgiques.

NATIONAL MUSEUM OF THE AMERICAN INDIAN

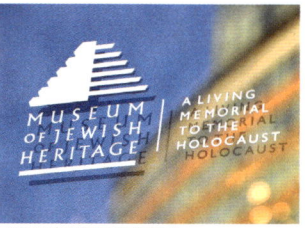
MUSEUM OF JEWISH HERITAGE

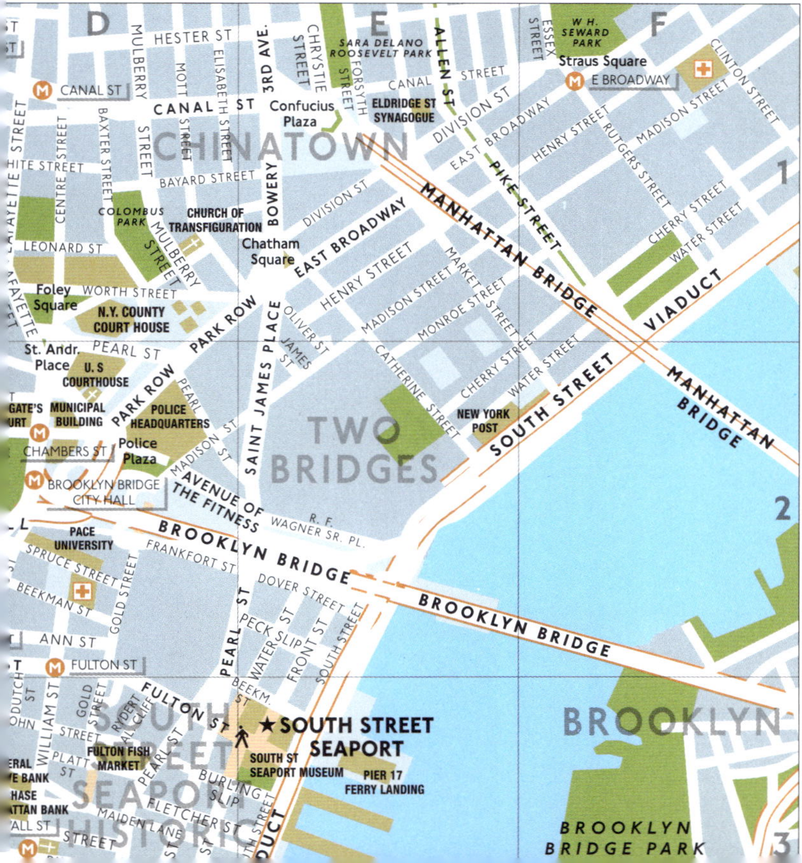

► Plan C

WOOLWORTH BUILDING

SOUTH STREET SEAPORT

causte et l'intégration aux États-Unis.

ll Street (A D3)
tesse de la rue donne atte-ciel une ampleur ante. Au 8-18 Broad , derrière la façade du ork Stock Exchange, s grande Bourse iale, se déroulent les actions des *traders*. rrefour, sur Wall St, al Hall accueillit le er gouvernement e l'Indépendance.

nity Church (A C3)
Trinity Place Dim.-ven. 7h-5h dim.), sam. 8h-16h uaire de style *Gothic* l qui, avec sa flèche de fut un temps le plus haut monument de la ville, au point de servir d'amer aux navires. À l'ombre des chênes centenaires du cimetière reposent des personnalités marquantes de l'Amérique coloniale.

★ **Ground Zero (A** C3)
→ *Church / Vesey / West / Liberty Sts Tlj. 10h-20h (18h hiver) Rés. sur www. visit.911memorial.org*
Reflecting Absence, le mémorial du 11 septembre, immortalisé par deux bassins les empreintes des tours jumelles. Gravée sur le pourtour, la poignante liste des noms des victimes de l'attentat. Sur le site, le One World Trade Center, aussi surnommé Freedom Tower, dresse désormais sa flèche de verre conçue par l'architecte David Childs. Elle culmine à 541 m.

★ **Woolworth Building (A** C2)
→ *233 Broadway / Barclay St*
Frank Woolworth rêvait pour sa société d'un bâtiment à la hauteur de son empire. En 1913, on inaugurait en grande pompe l'immeuble le plus haut de New York : une gigantesque cathédrale néogothique de 60 étages s'élevant à 241 m.
Dans le *lobby* en forme de croix latine, fresques et mosaïques exaltent les vertus du travail.

★ **South Street Seaport (A** E3)
→ *19 Fulton St*
Siège du grand port de la ville au XIXe s., ce quartier conserve de vieux immeubles en brique et des rues pavées de caractère. Ses quais, réhabilités en galerie marchande, égrènent restaurants, cafés et boutiques...

South Street Seaport Museum (A E3)
→ *12 Fulton St*
Tél. 212 748 8725
Fermé pour travaux
Plusieurs vieux navires à visiter et des expositions sur le passé maritime de New York.

RUBIN MUSEUM OF ART

THE HIGH LINE

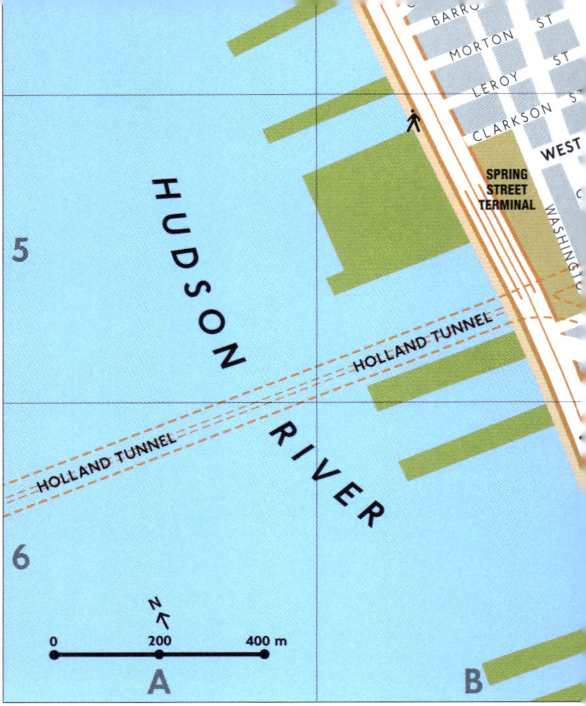

★ SoHo Historic District (B D5)
➜ *Entre Canal et Houston Sts, de W Broadway à Lafayette St*
Sur une vingtaine de *blocks*, une belle concentration d'immeubles à façade de fonte du XIXe s., notamment sur Greene (n°s 28-30 et 72-76) et Prince (angle de Broadway) Sts, ainsi que le long de Broadway (angle de Broome St). Colonnades à l'italienne, corniches victoriennes ou profusion de fenêtres de style Beaux-Arts alignent des profils très éclectiques.

★ Center for Architecture (B D4)
➜ *536 LaGuardia Place Tél. 212 683 0023*
Lun.-ven. 9h-20h, sam. 11h-17h
Andrew Berman a conçu ce bâtiment (2003) à la mesure de l'American Institute of Architects, avec ses vastes volumes où irradie la lumière. Expositions temporaires sur l'urbanisme des mégapoles et sur les futurs projets de la ville de New York.

★ Washington Square (B C4)
Ce parc est l'un des lieux de rendez-vous favoris de la bohème new-yorkaise, très joyeux, avec ses joueurs d'échecs, artistes de rue et étudiants. Le Washington Centennial Memorial Arch célébra, en 1892, le centenaire de l'investiture de George Washington. Le long de Washington Square North, quelques demeures d'architecture *Greek Revival*. Le peintre Edward Hopper (1882-1967) et l'écrivain John Dos Passos (1896-1970) habitèrent aux n°s 3 et 61.

★ Rubin Museum of Art (B C2)
➜ *150 W 17th St Tél. 212 620 5000 Mer.-lun. 11h-17h (19h mer. ; 22h ven. ; 18h w.-e.)*
Né de la passion des Rubin pour les arts du Tibet et de l'Himalaya, ce musée occupe l'ancien grand magasin Barneys (escalier en marbre d'Andrée Putman). Peintures, sculptures, étoffes et objets du IIe au XIXe s.

★ Whitney Museum of American Art (B A
➜ *Gansevoort St / Washing Tél. 212 570 3600 Mer.-jeu. w.-e. 11h-18h ; ven. 13h-21h*
Un passionnant musée fondé par la sculptrice et milliardaire Gertrude Vanderbilt Whitney (187 1942). Installé dans un bâtiment de Renzo Pian (2015), il cristallise les différents mouvements artistiques américains de l'ère moderne : théâ peinture, sculpture et vi

★ The High Line (B A
➜ *Entre Gansevoort et W 34 Déc.-mars : tlj. 7h-19h ; avr.-mai, oct.-nov. : tlj. 7h-2 juin-sep. : tlj. 7h-23h*

SoHo / Greenwich Village / Meatpacking / Chelsea

▶ Plan D

SOHO HISTORIC DISTRICT

CENTER FOR ARCHITECTURE

A

WEST 29TH ST · WEST 29TH ST

WEST 28TH ST · WEST 28TH ST
CHELSEA PARK

WEST 27TH ST · WEST 27TH ST

1 WEST 26TH ST ★
GALLERY DISTRICT

WEST · WEST 26TH ST

WEST 25TH ST

WEST 24TH · ST

WEST 23RD ST

WEST 22ND · ST

GENERAL THEOLOGICAL SEMINARY

WEST 21ST ST

WEST 20TH · ST
★
CUSHMAN ROW

WEST 19TH · ST

2 WEST 18TH

SPORTS AND ENTERTAINMENT COMPLEX

WEST 17TH · ST

WEST 16TH · ST
PORT AUTHORITY UNION ISLAND TERMINAL

WEST

MEATPACKING DISTRICT

THE HIGH LINE ★
WEST 13TH ST

LITTLE WEST 12TH ST

WHITNEY MUSEUM ★
3 **OF AMERICAN ART**

GANSEVOORT · ST
HUDSON ST
HORATIO ST

HORATIO ST · GREENWICH ST
JANE ST · ABINGTON SQUARE

JANE ST · WEST 12TH ST
WASHINGTON STREET
BANK ST

WEST 11TH ST · BLEECKER · ST
PERRY · ST
BETHUNE STREET

BANK ST · WEST 11TH ST
PERRY ST

CHARLES ST
HUDSON RIVER PARK
GREENWICH · ST
WEST 10TH ST
ST. LUKE'S CHAPEL
WEST-STR

4

B

WEST
28TH STREET

THE MUSEUM AT FIT

WEST

WEST

WEST

23RD STREET Ⓜ
CHE HO

WEST

CH

WEST

WEST

WES

WEST

WEST Ⓜ Ⓜ **14T**
14TH ST · 8TH AVEN

GREEN

EIGHTH AVE ST

WEST 12TH ST

BANK ST

PERRY ST

CHARL
BEDF

TENTH AVENUE · ELEVENTH AVENUE · TWELFTH AVENUE · NINTH AVENUE · EIGHTH AVENUE

SoHo / Greenwich Village / Meatpacking / Chelsea

B

Le long de l'Hudson, SoHo, Greenwich Village et Chelsea sont devenus, dans les années 1950, la coqueluche des artistes et des intellectuels. SoHo aligne showrooms et restaurants au pied de ses façades en fonte (XIXe s.). Autour de Washington Square, "The Village", un peu embourgeoisé, abrite une importante communauté gay. Quant au Meatpacking District, il a reconverti ses abattoirs en bars et boutiques de stylistes. À Chelsea, les galeries d'art contemporain constituent la fine fleur du marché de l'art new-yorkais.

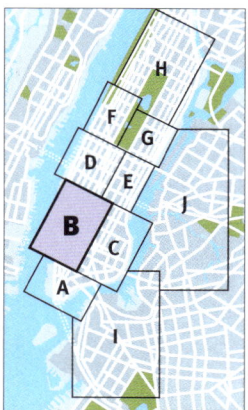

MISS LILY'S

COOKSHOP

RESTAURANTS

Corner Bistro (B B3)
→ *331 W 4th St / Jane St*
Tél. 212 242 9502 Tlj. 12h-4h
Au cœur de Greenwich Village, dans un vrai pub patiné à l'ancienne, les meilleurs hamburgers de la ville : viande juteuse, bien grillée et accompagnée de frites dorées devenues légendaires. Burger 7-9$.

Ear Inn (B B5)
→ *326 Spring St*
Tél. 212 226 9060
Tlj. 11h30-2h Bar 11h30-4h
L'un des plus vieux bars de Manhattan sert des plats simples et copieux : crevettes épicées ou *cowboy chili* (chili con carne), dans une chaleureuse ambiance musicale. Plat 8-13$.

Miss Lily's (B C4)
→ *130-132 W Houston St / Sullivan St Tél. 646 588 5375*
Tlj. 11h-2h (23h30 dim.)
Deux salles tout en couleur, un style "seventies" décomplexé, des musiques chaloupées et beaucoup de bonne humeur, pour une cuisine jamaïcaine, fraîche et parfumée. Plat 15-32$.

Spotted Pig (B B3)
→ *314 W 11th St / Greenwich St*
Tél. 212 620 0393 Tlj. 11h-2h
Ce petit coin de verdure dans le Village ne désemplit pas. Plats du jour très réputés, comme le steak aux betteraves rôties ou le bar poêlé au chou-fleur... Plat 17-32$.

Barbuto (B A3)
→ *775 Washington St / W 12th St Tél. 212 924 9700 Tlj. 12h-23h (oh jeu.-sam. ; 22h dim.)*
Dans cet espace lumineux au design post-industriel réussi, une table rustique italienne, simple et authentique, à base de pâtes fraîches, viandes marinées ou poissons et légumes grillés. Belle terrasse aux beaux jours. Plat 19-29$.

Cookshop (B A2)
→ *156 10th Ave. / W 20th St*
Tél. 212 924 4440
Lun.-ven. 8h-16h, 17h30-23h30 ; w.-e. 10h30-16h, 17h30-23h30 (22h dim.)
La tradition américaine revisitée de façon légère et inventive, à partir d'ingrédients renouvelés selon les saisons et les arrivages. Tables en terrasse. Moins cher à midi. Plat 20-38$.

BLT Fish (B C2)
→ *21 W 17th St / 5th Ave.*
Tél. 212 691 8888
Lun.-sam. 17h30-22h (23h jeu. ; 23h30 ven.-sam.)
Version urbaine élégante de la cabane de pêcheur pour goûter aux préparations marines du

LIA BAKERY

JOE'S PUB AT THE PUBLIC   OMG

chef Luke Venner. Fruits de mer, bisque de homard, marmites de poisson, dans un style décontracté chic. Verrière à l'étage. Plat 28-55$.

SALONS DE THÉ, CAFÉ

City Bakery (B C2)
→ *3 W 18th St / 5th Ave.*
Tél. 212 366 1414
Lun.-sam. 7h30 (8h sam.)-19h, dim. 9h-18h
Dans un grand loft un peu impersonnel mais très animé : cookies, chocolat chaud à l'ancienne aux marshmallows maison, et *salad bar* bio à base de produits du marché.

Magnolia Bakery (B B3)
→ *401 Bleeker St / W 11th St*
Tél. 212 462 2572
Tlj. 9h-23h30 (0h30 ven.-sam.)
Couleurs tendres et décor vintage pour des pâtisseries honteusement riches. Les cupcakes ont fait sa réputation, mais les gâteaux ne sont pas mal du tout. Le must des fashionistas !

Doma na rohu (B C3)
→ *27 Morton St / 7th Ave.*
Tél. 212 929 4339 Dim.-jeu. 8h-23h, ven.-sam. 9h-1h
Sous les boiseries bien cirées, c'est tout l'esprit de la bohème intello que dégage ce bar-restaurant plein d'atmosphère où l'on mange ou boit à toute heure. Concert le samedi à 19h30.

CONCERTS, CLUB

Joe's Pub at The Public (B D4)
→ *425 Lafayette St / Astor Pl.*
Tél. 212 539 8778 Tlj. 18h-2h
On aime l'ambiance intimiste de ce cabaret / salle de concert. L'acoustique est irréprochable et la programmation très éclectique, du chanteur à texte au dernier groupe rock ou au pianiste de jazz. On peut aussi y dîner pendant le spectacle.

The Village Vanguard (B C3)
→ *178 7th Ave. South / W 11th St Tél. 212 255 4037*
Concerts Tlj. 20h30, 23h30 (ouverture des portes 19h30)
Une institution du jazz new-yorkais. Depuis 1935 les plus grands y ont fait leurs armes : John Coltrane y enregistra plusieurs live. Le jazz y est toujours célébré par les plus fameux instrumentistes contemporains.

Blue Note (B C4)
→ *131 W 3rd St / MacDougal St Concerts Dim.-jeu. 20h, 22h30 ; ven.-sam. 0h30* *www.bluenote.net*
Un autre lieu mythique de la scène jazz new-yorkaise. Les meilleurs chanteurs et musiciens continuent de s'y produire.

SHOPPING

Shopping à SoHo (B C5-D5)
→ *Entre Grand, Prince, Thompson et Lafayette Sts*
Du *megastore* populaire au showroom de styliste en vogue, le quartier est la Mecque du shopping branché.

Uniqlo (B D5)
→ *546 Broadway / Spring St Tél. 917 237 8811 Lun.-sam. 10h-21h, dim. 11h-20h*
Le "Zara" japonais : pulls en cachemire, tee-shirts, jeans de toutes les couleurs et à bas prix. Jolie collection +J, au chic urbain bien structuré. Autre adresse sur 5th Ave., à l'angle de E 53rd St (**D** F1).

OMG (B D2)
→ *424 Broadway / Howard St Tél. 212 925 5190 Lun.-sam. 9h30-21h, dim. 10h-20h*
Toutes les marques de jeans à prix réduits.

ABC Carpet & Home (B D2)
→ *888 & 881 Broadway / E 19th St Tél. 212 473 3000 Lun.-sam. 10h-19h (20h jeu.), dim. 11h-18h30*
Ce grand magasin chic compte tout ce que peut offrir le monde du design : tapis, bijoux, objets d'art, meubles... Et même deux restaurants, dont l'ABC Cocina du célèbre Jean-Georges Vongerichten.

Marc Jacobs (B B3)
→ *385 Bleecker St / Perry St Tél. 212 924 6126 Tlj. 12h-20h*
La boutique "beauté" de l'enfant terrible de la mode : maquillage, quelques accessoires... Magasins homme et femme tout près, aux n°s 382 et 403.

Union Square Greenmarket (B D2)
→ *Union Square*
Tél. 212 788 7476 Lun., mer., ven.-sam. 8h-18h
Un grand marché bio, au cœur de la ville. Fermiers locaux et petits producteurs y fournissent les meilleurs chefs de NY.

Chelsea Market (B B2)
→ *75 9th Ave. / W 16th St Lun.-sam. 7h-22h, dim. 10h-20h*
Une fabrique de biscuits (les fameux Oreo) depuis 1890, reconvertie en marché bobo : poissonnier avec chef japonais et sushis à la demande, bar à soupes, traiteur italien... Mais aussi boutiques de mode (Anthropologie) ou de souvenirs et librairie.

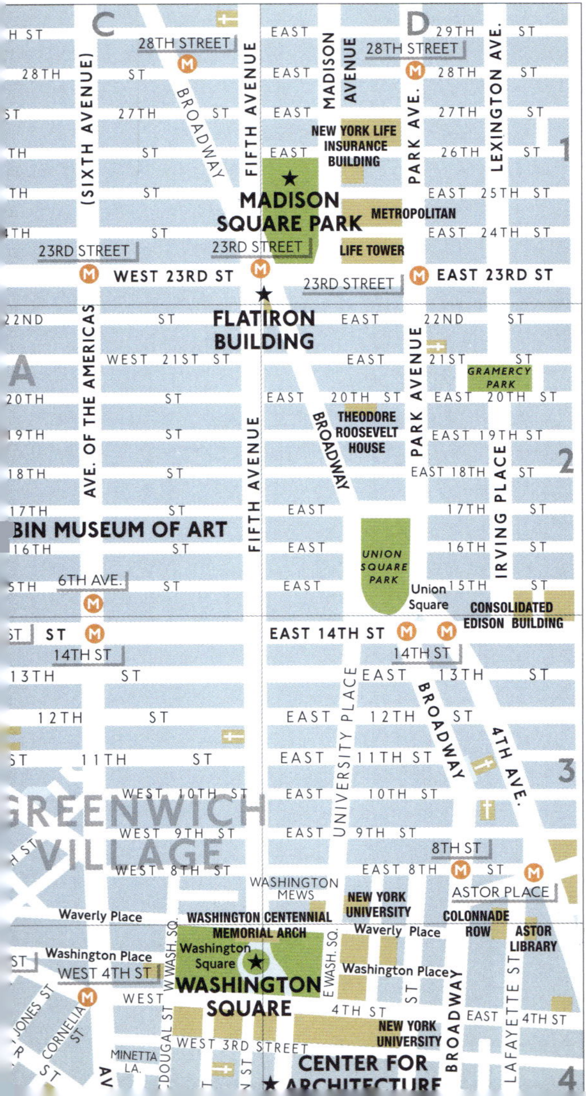

▲ Plan E

C

28TH STREET
H ST
28TH ST
27TH ST
TH ST
TH ST
4TH
23RD STREET

BROADWAY
FIFTH AVENUE
(SIXTH AVENUE)
AVE. OF THE AMERICAS

★
**MADISON
SQUARE PARK**

**NEW YORK LIFE
INSURANCE
BUILDING**

**METROPOLITAN
LIFE TOWER**

23RD STREET

WEST 23RD ST

★
**FLATIRON
BUILDING**

A

22ND ST
WEST 21ST ST
20TH ST
19TH ST
18TH ST
17TH ST

BIN MUSEUM OF ART
16TH ST

6TH AVE.
15TH

ST ST
14TH ST
13TH ST
12TH ST
11TH ST
WEST 10TH ST
WEST 9TH ST
WEST 8TH ST

Waverly Place

Washington Place
WEST 4TH ST

JONES ST
CORNELIA ST

WEST
Washington Place

GREENWICH
VILLAGE

AV

MINETTA LA.
DOUGAL ST

MADISON AVENUE
FIFTH AVENUE

EAST 28TH STREET
EAST 28TH ST
EAST 27TH ST
EAST 26TH ST
EAST 25TH ST
EAST 24TH ST

D

PARK AVE.
LEXINGTON AVE.

29TH ST

23RD STREET

EAST 23RD ST

EAST 22ND ST
EAST 21ST ST
EAST 20TH ST

**THEODORE
ROOSEVELT
HOUSE**

BROADWAY
PARK AVENUE

**GRAMERCY
PARK**

EAST 19TH ST
EAST 18TH ST

IRVING PLACE

17TH ST
16TH ST

**UNION
SQUARE
PARK**

Union
Square

15TH ST

**CONSOLIDATED
EDISON BUILDING**

EAST 14TH ST

14TH ST
EAST 13TH ST
EAST 12TH ST
EAST 11TH ST
EAST 10TH ST
EAST 9TH ST

UNIVERSITY PLACE
BROADWAY
4TH AVE.

8TH ST
ASTOR PLACE

EAST 8TH ST

WASHINGTON
MEWS

**NEW YORK
UNIVERSITY**

Waverly Place

**WASHINGTON CENTENNIAL
MEMORIAL ARCH**

Washington
Square

★
**WASHINGTON
SQUARE**

W WASH. SQ.
E WASH. SQ.

**COLONNADE
ROW**

**ASTOR
LIBRARY**

Washington Place

4TH ST

WEST 3RD STREET

**NEW YORK
UNIVERSITY**

EAST 4TH ST

BROADWAY
LAFAYETTE ST.

**CENTER FOR
★ ARCHITECTURE**

CUSHMAN ROW

GALLERY DISTRICT

▼ Plan C

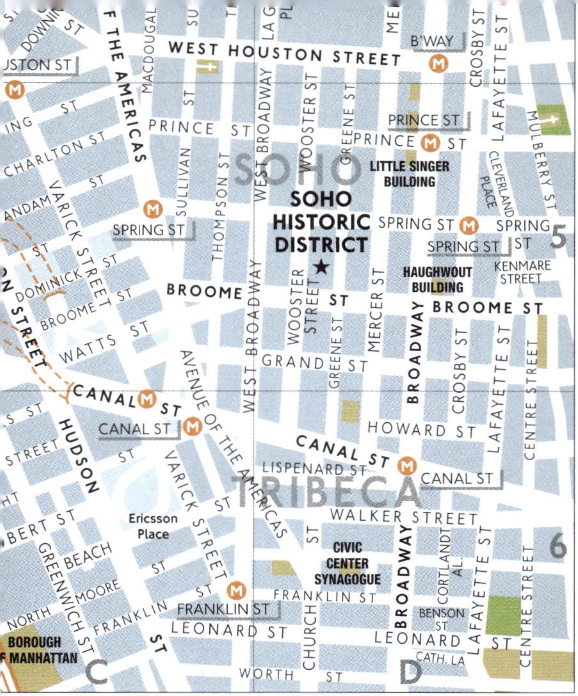

MADISON SQUARE PARK

THE MUSEUM AT FIT

le long d'une ancienne rrée aérienne qui relie tpacking District à 34th 4), ce jardin suspendu le entre les immeubles. uré en 2009, c'est l'une lades favorites des orkais, entre vues udson, architecture nporaine, plantations t la part belle aux nées, et installations tes. On y flâne en pour prendre le soleil bancs et méridiennes.

shman Row (B A2)
→ *-418 W 20th St*
s plus beaux ensembles houses, de style Revival. Les façades corniche, attique rythmé de petites fenêtres décorées de guirlandes de laurier...) caractérisent cet alignement (row) de jolies maisons de briques rouges.

★ **Gallery District (B** A1)
→ *Entre 21st et 26th Sts, et 11th et 10th Aves Sep.-juin : mar.-sam. 11h-18h* **Vernissages** *Jeu. soir*
Pour découvrir les tendances de l'art, 350 galeries (*Gallery Guide* à disposition) réunies dans ces anciens entrepôts près de l'Hudson. Grands noms chez Gagosian et Lehmann Maupin, photo chez Metro Pictures...

★ **Flatiron Building (B** D1)
→ *175 5th Ave.*
Cet immeuble, construit en 1902 pour abriter le siège de la Fuller Construction Company, ouvre l'ère des gratte-ciel new-yorkais. Son nom tient à l'étonnante forme triangulaire dite "en fer à repasser", alignée sur l'angle aigu du carrefour de Broadway. Une prouesse architecturale qui continue d'intriguer les passants. Un parement de calcaire et de terre cuite ornée de motifs Renaissance italienne recouvre sa structure en acier. Jusqu'en 1909, le Flatiron fut le plus haut édifice du monde (91 m).

★ **Madison Square Park (B** D1)
→ *23rd St/5th Ave.*
Un joli parc très vert, paradis des écureuils et rendez-vous des toutous bichonnés. Belle perspective sur l'Empire State Building au nord et le Flatiron au sud. Les gourmands s'arrêtent au kiosque pour ses burgers réputés.

★ **The Museum at FIT (B** B1)
→ *7th Ave. / 27th St*
Tél. 212 217 4558
Mar.-ven. 12h-20h, sam. 10h-17h
Rattaché au prestigieux Fashion Institute of Technology, où Calvin Klein fut élève, ce musée présente des expositions temporaires d'excellente qualité, autour des différents courants créatifs de la mode ou de ses figures de proue.

THE MUSEUM AT ELDRIDGE ST

LOWER EAST SIDE
TENEMENT MUSEUM

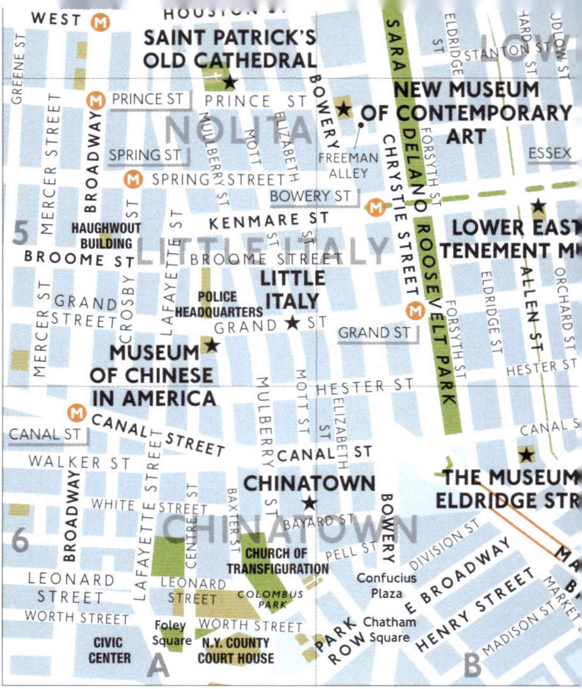

★ **Chinatown (C** A6)
→ *Mott St / Confucius Plaza / Bowery / Division St*
Autour de Mott St, toits en pagode, temples bouddhiques, restaurants, échoppes aux enseignes chinoises, et une agitation toujours débordante... Les premiers arrivants chinois colonisèrent le lieu au milieu du XIXe s. Aujourd'hui, la communauté compte plus de 200 000 personnes. Sur Confucius Plaza, la statue du philosophe veille sur le quartier.
★ **Museum of Chinese in America (MOCA) (C** A5)
→ *215 Centre St / Grand St*
Tél. 212 619 4785
Mar.-dim. 11h-18h (21h jeu.)
Objets, documents sonores et photos retracent l'histoire de l'immigration chinoise à Manhattan.
★ **Little Italy (C** A5)
Mulberry Street, centre névralgique de l'ancien fief de la communauté italienne new-yorkaise au XXe s. Trattorias, pizzerias et quelques épiceries sont tout ce qu'il en reste. Touristique !
★ **The Museum at Eldridge Street (C** B6)
→ *12 Eldridge St*
Tél. 212 219 0302
Dim.-ven. 10h-17h (15h ven.)
Visites guidées Ttes les heures
Édifiée en 1887, elle est la première synagogue bâtie en Amérique par des immigrants ashkénazes. L'intérieur, impressionnant, découvre des balcons de bois sculpté et de magnifiques lustres de laiton.
★ **Lower East Side Tenement Museum (C** B5)
→ *103 Orchard St*
Tél. 212 982 8420 **Visites guidées** *Tlj. 10h-17h (19h jeu.)*
Un musée installé dans des *tenements*, immeubles de logements à bas loyer, où s'entassaient les familles d'immigrants dans des conditions d'hygiène déplorables. Visites thématiques pour revi[vre] le destin d'un couple irlandais en 1869, d'u[ne] famille italienne duran[t la] Grande Dépression, d[']une adolescente séfarade en 1916...
★ **New Museum of Contemporary Art (C**
→ *235 Bowery Tél. 212 21[9]*
Mer.-dim. 11h-18h (21h je[u.)]
Ce musée d'art contemporain, fondé e[n] 1977, s'est offert pour s[es] 30 ans le coup de cray[on] des architectes japona[is] Sejima et Nishizawa. Et un écrin splendide : une tour de polyèdres empilés, revêtus d'un

▲ Plan B

Chinatown / NoLIta / Lower East Side / East Village

CHINATOWN

MUSEUM OF CHINESE IN AMERICA (MOCA)

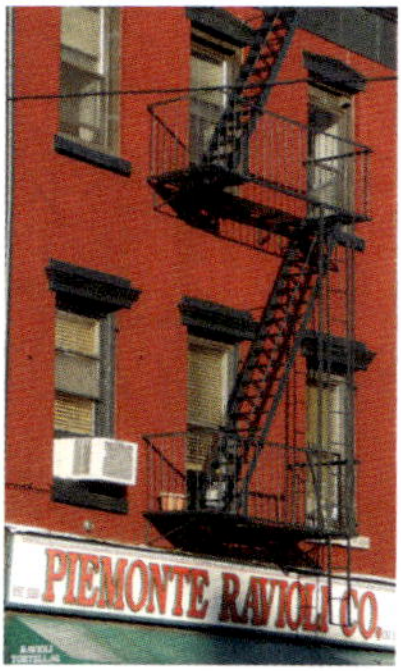

PIEMONTE RAVIOLI CO.

LITTLE ITALY

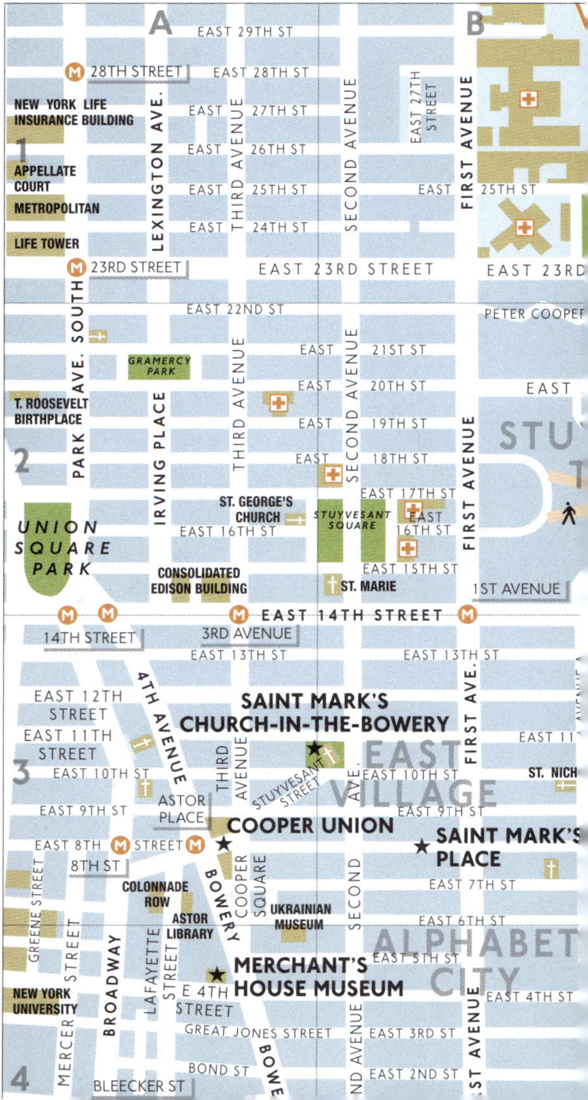

A

Ⓜ 28TH STREET — EAST 28TH ST

NEW YORK LIFE
INSURANCE BUILDING

1

APPELLATE
COURT

METROPOLITAN

LIFE TOWER

Ⓜ 23RD STREET — EAST 23RD STREET — EAST 23RD

EAST 22ND ST — PETER COOPER

GRAMERCY
PARK

T. ROOSEVELT
BIRTHPLACE

2

UNION
SQUARE
PARK

ST. GEORGE'S
CHURCH

STUYVESANT
SQUARE

CONSOLIDATED
EDISON BUILDING

ST. MARIE

1ST AVENUE

Ⓜ Ⓜ Ⓜ EAST 14TH STREET Ⓜ

14TH STREET — 3RD AVENUE

EAST 13TH ST — EAST 13TH ST

EAST 12TH
STREET

**SAINT MARK'S
CHURCH-IN-THE-BOWERY**

EAST 11TH
STREET

3

EAST 10TH ST

EAST 9TH ST

ASTOR
PLACE

EAST
VILLAGE

ST. NICH

COOPER UNION

Ⓜ Ⓜ EAST 8TH STREET

8TH ST

COLONNADE
ROW

ASTOR
LIBRARY

UKRAINIAN
MUSEUM

★ **SAINT MARK'S
PLACE**

EAST 7TH ST

EAST 6TH ST

ALPHABET
CITY

EAST 5TH ST

**MERCHANT'S
HOUSE MUSEUM**

NEW YORK
UNIVERSITY

E 4TH
STREET

EAST 4TH ST

4

GREAT JONES STREET — EAST 3RD ST

BOND ST — EAST 2ND ST

BLEECKER ST

B

LEXINGTON AVE. / THIRD AVENUE / SECOND AVENUE / FIRST AVENUE

PARK AVE. SOUTH / IRVING PLACE

MERCER STREET / BROADWAY / LAFAYETTE STREET / BOWERY / COOPER SQUARE / SECOND / FIRST AVE.

STU...
STUYVESANT

Chinatown / NoLIta / Lower East Side / East Village

C

Avec les vagues successives d'immigrants, New York s'étend au-delà de Canal Street. Chinois, Italiens, Juifs d'Europe centrale, puis Indiens et Ukrainiens se regroupent dans leur propre quartier, soucieux de protéger leurs traditions. Chinatown, Little Italy, Lower East Side... il ne faut que quelques rues pour effectuer ce tour du monde ! Plus au nord, East Village, QG de la Beat Generation dans les années 1960, déploie ses bars et restaurants, jeunes et branchés, autour de Saint Mark's Place et Tompkins Square Park.

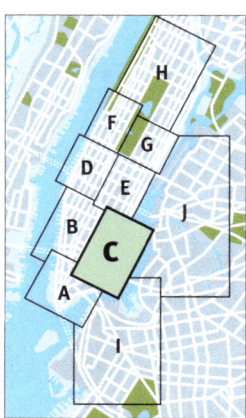

KATZ'S DELI

MOMOFUKU NOODLE BA

RESTAURANTS

The New Malaysia (C B6)
→ *46-48 Bowery St*
Tél. 212 964 0284, Tlj. 11h-22h15 (22h30 ven.-dim.)
Une cantine asiatique animée, pour goûter les spécialités malaisiennes : soupe aux nouilles, satay ou bœuf au gingembre. Plat 6-18$.

Katz's Deli (C B4)
→ *205 E Houston St / Ludlow St Tél. 212 254 2246 Lun.-jeu. 8h-22h45 (2h45 jeu.) ven. 8h-dim. 22h45 sans interruption*
Apparus avec les immigrants juifs, les *delicatessen* sont un symbole de la gastronomie new-yorkaise. Fondé en 1888, Katz's Deli (décor de "la" scène de *Quand Harry rencontre Sally*) est le plus célèbre. Sandwichs au pastrami, assiettes de viande... Plat 5,50-30$.

La Esquina (C A5)
→ *114 Kenmare St / Lafayette St Tél. 646 613 7100 Taquería Tlj. 11h-1h45 Café Dim.-jeu. 12h-0h, ven.-sam. 11h-1h Restaurant Tlj. 18h-2h*
Une façade sortie d'une toile d'Edward Hopper, et plusieurs formules : *quesadillas* et tacos à emporter à la Taquería ou à manger sur place au café. Restaurant un peu clandestin (sur rés. ; on y accède par les cuisines !) au sous-sol pour des plats plus complexes, des margaritas et de la musique... Plat 10-32$.

Café Gitane (C A5)
→ *242 Mott St*
Tél. 212 334 9552
Tlj. 8h30-0h (0h30 ven.-sam.)
Style bistrot et déco rétro pour une ambiance qui évolue au fil de la journée, et se tamise agréablement le soir. Cuisine méditerranéenne et jolie terrasse aux beaux jours. Plat 12-16$.

Momofuku Noodle Bar (C B3)
→ *171 1st Ave. / E 11th St*
Tél. 212 777 7773
Tlj. 12h-23h (2h ven.-sam.)
Quand le chef star David Chang réinvente *ramen* (bouillon de nouilles japonaises) et autres recettes asiatiques, il attire des files de gourmands ! Mobilier de bois clair, tables de cantine, délicieux *pork buns*, et une carte qui change tous les jours selon le marché. Plat 12-22$.

Schiller's Liquor Bar (C C5)
→ *131 Rivington St / Norfolk St Tél. 212 260 4555 Lun.-sam. 11h-1h (3h ven.-sam.), dim. 10h-0h*
Plats et décor typiques d'une brasserie française, avec en plus le savoureux

Times Square / Theater District / Rockefeller Center

D

Au cœur du quartier des théâtres, Times Square attire des millions de flâneurs. Avec ses enseignes au néon, le vacarme des taxis et le ballet des vendeurs à la sauvette... le spectacle est aussi dans la rue. Plus au nord, véritable ville dans la ville, Rockefeller Center est une extraordinaire vitrine de l'Art déco, qui culmine au General Electric Building, d'où l'on embrasse toute la Grosse Pomme (Top of the Rock). À deux pas, autre panorama, celui qu'offre le MoMA sur la création artistique aux XXe et XXIe s.

GAZALA PLACE

THE MODERN

RESTAURANTS

Gotham West Market (D B2)
→ 600 11th Avenue / W 44th St
Tlj. 7h (8h w.-e.)-23h
Excentrée à l'ouest de Manhattan, cette nouvelle "dining destination" vaut le détour ! On y goûte des saveurs des quatre coins du globe : ramen authentiques, tapas traditionnelles, etc.

Gazala Place (D C2)
→ 709 9th Ave. / W 49th St
Tél. 212 245 0709 Tlj. 11h-22h30
Spécialités druzes venues d'Israël, dans un minuscule restaurant où tout est fait aux yeux de tous. Kébabs, chaussons feuilletés ou pâtisseries aux pistaches. Plat 6-19$.

Mandoo Bar (D F4)
→ 2 W 32nd St / 5th Ave.
Tél. 212 279 3075
Tlj. 11h30-22h
Pour découvrir les mandoos, petits beignets coréens fabriqués à la demande. Délicieux plat de riz garni de viande marinée, le bibimbap. Plat 10-15$.

Taam-Tov (D E2)
→ 41 W 47th St
Tél. 212 768 8001
Lun.-ven. 11h-21h (15h ven.)
Toute la cuisine familiale juive d'Ouzbékistan au cœur du quartier des diamantaires. Décor de cantine kitsch et portions énormes. Plat 11-24$.

Market Cafe (D D3)
→ 496 9th Ave. / W 38th St
Tél. 212 967 3892
Lun.-ven. 12h-15h, 17h-22h (23h mer.-ven.) ; sam. 12h-23h ; dim. 11h-16h
Diner des fifties avec tables en Formica et banquettes en moleskine, et une carte où figurent, entre autres, agneau en boulettes et ses gnocchis ou bar aux câpres. Plat 14-20$.

Joe Allen (D D2)
→ 326 W 46th St
Tél. 212 581 6464
Lun.-mar., jeu.-ven. 12h-23h45 (0h ven.) ; mer., w.-e. 11h30-0h (23h45 mer.)
Sur les murs de brique, des portraits de stars du cinéma ; dans l'assiette, des recettes américaines classiques et délectables. Service très attentif. Bar chaleureux en attendant sa table. Plat 18-33$.

Keens Steakhouse (D E4)
→ 72 W 36th St
Tél. 212 947 3636
Lun.-ven. 11h45-22h30, w.-e. 17h-22h30 (21h30 dim.)
L'un des restaurants de viande les plus réputés de New York, fondé en 1885. T-Bone steak, mutton chop... un vrai rêve de carnivore, à déguster dans un cadre qui vaut le détour ! Plat 26-58$.

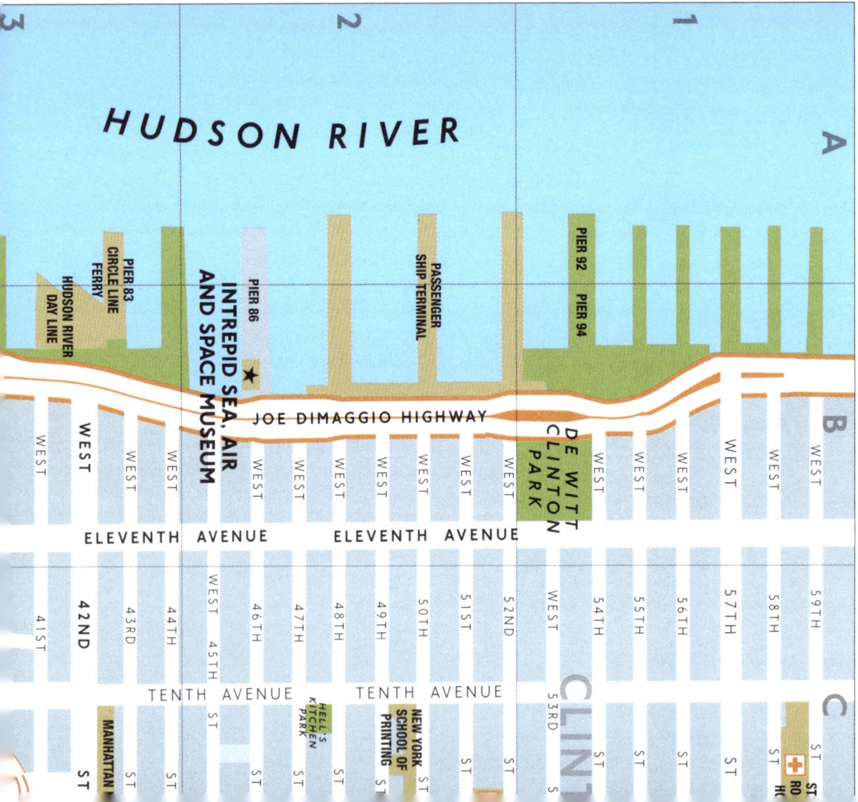

Times Square / Theater District / Rockefeller Center

▶ Plan F

GENERAL POST OFFICE

BRYANT PARK

TIMES SQUARE

A **B** **C**

WEST 59TH ST ST
ST RO
HC
WEST 58TH ST
WEST 57TH ST

1

WEST 56TH ST
WEST 55TH ST
WEST 54TH ST

CLINT

PIER 92 PIER 94 DE WITT
CLINTON WEST 53RD S
PARK

WEST 52ND ST

JOE DIMAGGIO HIGHWAY · ELEVENTH AVENUE · TENTH AVENUE

WEST 51ST ST

PASSENGER
SHIP TERMINAL WEST 50TH ST NEW YORK
SCHOOL OF
PRINTING
WEST 49TH ST

2

WEST 48TH ST
HELL'S
KITCHEN
PARK
WEST 47TH ST ST

PIER 86 WEST 46TH ST
★
INTREPID SEA, AIR WEST 45TH ST
AND SPACE MUSEUM

WEST 44TH ST
PIER 83
CIRCLE LINE WEST 43RD ST
FERRY
MANHATTAN N
HUDSON RIVER WEST 42ND ST
DAY LINE

WEST 41ST

HUDSON RIVER

3

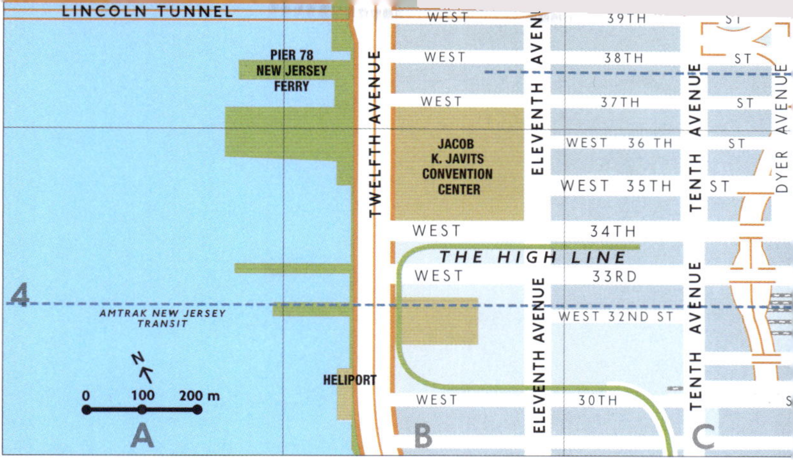

▲ Plan B

INTREPID SEA, AIR AND SPACE MUSEUM

ROCKEFELLER CENTER

TOP OF THE ROCK

★ **General Post Office (D** D4)
→ *441 8th Ave. / W 32nd St Lun.-ven. 7h-22h, sam. 9h-21h, dim. 11h-19h*
La plus vaste poste du pays, installée dans un colossal bâtiment aux allures de temple néoclassique (1912), porte sur sa façade une citation d'Hérodote : "Ni la neige ni la pluie ni la chaleur ni les ténèbres de la nuit n'empêchent ces prompts messagers de remplir leur mission avec toute la célérité possible." Des inscriptions célèbrent les créateurs du service postal public, dont Louis XI et Richelieu. Pénétrer dans le vaste hall pour mesurer le gigantisme du lieu.

★ **Bryant Park (D** E3)
→ *6th Ave. / W 42nd St*
L'unique parc de Midtown offre un agréable coin de verdure, pourvu de bancs, de chaises et de tables, idéal pour une pause bucolique. Côté sud, la façade noir et or de l'American Radiator Building (1924). En hiver, patinoire.

★ **Times Square (D** E3)
Bordé par d'immenses panneaux publicitaires lumineux, le carrefour de Times Square voit défiler tout New York. Ce centre névralgique du quartier des théâtres mérite une visite nocturne, quand la forêt de néons et d'écrans s'illumine. Sur l'un d'eux, on peut même suivre à la seconde l'état de la dette américaine !

★ **Madame Tussauds (D** D3)
→ *234 W 42nd St Tél. 212 512 9600 Tlj. 10h-20h (22h ven.-sam.)*
Les mannequins de cire de Madame Tussauds rendent hommage à une pléiade de célébrités, de Gandhi à Barack Obama en passant par George Clooney ou la princesse Diana. On peut aussi frissonner d'horreur dans la House of Wax !

★ **International Cent# of Photography (D** E⌐
→ *1133 6th Ave. / W 43rd S Tél. 212 857 0000 Mar.-me. ven.-dim. 10h-18h (20h ven*
Son musée, parmi les plus complets au mond possède 100 000 clichés présentés lors d'exposi thématiques et de rétrospectives, faisant la part belle tant à la créat contemporaine qu'à l'œ des précurseurs.

★ **Intrepid Sea, Air a Space Museum (D** B2
→ *Pier 86, 12th Ave. / 46th Tél. 212 245 0072 Tlj. 10h-17h (18h w.-e. avr.-⌐*
Ce musée installé à bor du porte-avions *Intrepid*

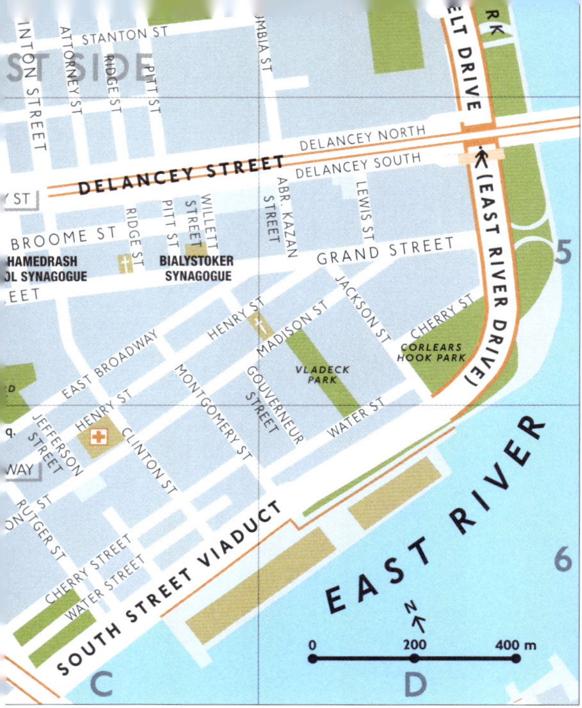

SAINT MARK'S PLACE

COOPER UNION

lant. Expositions ptuelles d'avant-

nt Patrick's Old dral (C A5)
t St / Prince St
18h (20h dim.)
ssister à une messe pagnol ou en chinois, a doyenne des s catholiques de . De 1815 à 1878, rvit de cathédrale, à la construction de Patrick's sur Fifth Ave . Son austère façade un intérieur thique.

rchant's House um (C A4)
4th St Tél. 212 777 1089

Jeu.-lun. 12h-17h
Visites guidées Jeu.-lun. 14h
Érigée en 1832 pour le riche commerçant Seabury Tredwell, cette row house de style Greek Revival a été convertie en musée en 1936. Le mobilier d'origine et les pièces conservées à l'identique constituent un passionnant témoignage de la vie de l'upper middle class new-yorkaise du XIXe s.

★ **Saint Mark's Place (C** B3)
Tompkins Square, qui accueillit les sit-in rebelles des années 1960, marque le départ de cette longue rue bordée d'arbres et de grandes maisons en brique. Ses restaurants et boutiques baba cool en font l'axe principal d'East Village.

★ **Saint Mark's Church-in-the-Bowery (C** A3)
→ 131 E 10th St / 2nd Ave. Lun.-ven. 10h-16h, dim. 10h30-11h
Ici, s'élevait une chapelle qui marquait les limites de la ferme (bouwerij en néerlandais) de Peter Stuyvesant, dernier gouverneur de La Nouvelle-Amsterdam. L'église actuelle, de style néoclassique (1799), se situe au cœur de Little Ukraine. Son clocher Greek Revival fut ajouté en 1828, son portique italianisant en 1856. En soirée, spectacles de danse, de poésie, etc.

★ **Cooper Union (C** A3)
→ Cooper Sq. / Astor Pl.
Peter Cooper, millionnaire philanthrope, rêvait d'une école des arts et techniques, ouverte à tous, sans distinction de classe, de sexe ou de race. Elle a vu le jour en 1859 dans un superbe édifice italianisant de brownstone à ossature métallique dominant Astor Place. En 2009, une annexe futuriste, conçue par l'architecte Thom Mayne, a ouvert au 41 Cooper Square.

# Plan E

ICAN POETS CAFE

MANHATTAN PORTAGE

A-1 RECORDS

et incontournable burger. Bruyant et bondé, mais immensément populaire. Bar très animé. Plat 15-25$.
Prune (C B4)
→ 54 E 1st St / 1st Ave.
Tél. 212 677 6221
Tlj. 17h30-23h
Cuisine cosmopolite de qualité, inspirée des produits du moment. Décor vintage patiné avec grâce. Le brunch du week-end (10h-15h30) est réputé. Brunch 12-24$, plat 22-32$.

PÂTISSERIES, GLACIER

Sugar Sweet Sunshine (C B5)
→ 126 Rivington St / Essex St
Tél. 212 995 1960
Lun.-ven. 8h-22h (23h ven.), w.-e. 10h-23h (19h dim.)
Jolis petits cupcakes aux couleurs tendres et délicieux cookies, muffins ou mini cheese-cakes, à grignoter sur un coin de table récup', arrosés d'un thé ou d'un espresso.
Rice to Riches (C A5)
→ 37 Spring St / Mott St
Tél. 212 274 0008
Tlj. 11h-23h (1h ven.-sam.)
Au départ, la recette traditionnelle du gâteau de riz, à l'arrivée une farandole de saveurs délicieusement régressives que les enfants adorent.

Il Laboratorio del Gelato (C B4)
→ 188 Ludlow St / E Houston St Tél. 212 343 9922
Lun.-ven. 7h30-22h (oh ven.), w.-e. 10h-0h (22h dim.)
Des glaces artisanales excellentes, pas trop sucrées, des parfums classiques ou inédits, qui varient au fil des saisons.

BARS, CONCERTS

Spitzer's Corner (C B5)
→ 101 Rivington St
Tél. 212 228 0027
Tlj. 12h (10h w.-e.)-4h
Sympathique pub-restaurant à l'américaine, cadre postindustriel réussi et belle carte de bières. On y mange très bien.
Beauty Bar (C B2)
→ 231 E 14th St Tél. 212 539 1389
Tlj. 17h (14h w.-e.)-4h
Un salon de beauté transformé en… bar ! Ce lieu déjanté en a gardé les tons pastel, les sèche-cheveux aux dômes chromés, et une formule manucure-cocktail à 10$!
Nuyorican Poets Cafe (C C4)
→ 236 East 3rd St
Tél. 212 780 9386 Horaires variables www.nuyorican.org
Bastion du mouvement intellectuel portoricain Nuyorican dans les années 1970, cette institution bat

toujours au rythme du slam (ven. 22h), du hip-hop, du jazz et de la salsa. Beaucoup d'ambiance !
Bowery Ballroom (C B5)
→ 6 Delancey St Tél. 212 533 2111
Tlj. à partir de 20h
Patti Smith, Beck et Yael Naim ont joué dans cette salle à l'architecture années 1920. Programmation variée : world music, rock, pop, etc.

SHOPPING

Shopping in NoLIta (C A5)
Le quartier de NoLIta (North of Little Italy) regorge désormais de boutiques tendance.
Steven Alan (C A5)
→ 229 Elizabeth St
Tél. 212 226 7482 Lun.-sam. 11h-19h, dim. 12h-18h
Une chaîne de boutiques purement new-yorkaises : vêtements, chaussures et accessoires de jeunes créateurs.
Manhattan Portage (C A5)
→ 258 Elizabeth St
Tél. 212 226 9655
Tlj. 11h-19h (18h dim.)
Inusables besaces inspirées de celles des livreurs new-yorkais.
Dinosaur Designs (C A5)
→ 211 Elizabeth St
Tél. 212 680 3523 Lun.-sam. 11h-19h, dim. 12h-18h

Dessinés en Australie, de superbes objets de déco ou bijoux au design élégant et sensuel, aux couleurs lumineuses, vives et subtiles.
Economy Candy (C B5)
→ 108 Rivington St
Tél. 212 254 1531
Lun., sam. 10h-18h (17h sam.) ; mar.-ven., dim. 9h-18h
Bonbons acidulés, barres chocolatées et autres irrésistibles friandises du sol au plafond ! Prix ultra-compétitifs.
Exit 9 (C B4)
→ 51 Ave. A / E 5th St
Tél. 212 228 0145
Lun.-sam. 11h-19h30 (20h sam.), dim. 12h-19h
Vaste choix de gadgets pleins d'humour (spray "Believe in God", bague décapsuleur…) signés par des créateurs locaux.
A-1 Records (C B3)
→ 439 E 6th St
Tél. 212 473 2870 Tlj. 13h-21h
Pépites de jazz et de hip-hop, des milliers de vinyles d'occasion, dont quelques raretés.
Chaos (C A2)
→ 25 E 20th St Tél. 212 777 3140
Lun.-sam. 11h-18h
Couleurs pop, récup' arty, accessoires de créateurs en devenir, il y a de tout dans cette bonbonnière digne d'Alice au pays des merveilles.

RES DE BROADWAY

MIDTOWN COMICS

ANTHROPOLOGIE

The Modern (D F1)
→ 9 W 53rd St
Tél. 212 333 1220
Lun.-ven. 12h-14h, 17h-22h30 ; sam. 17h-22h30 Bar Tlj. 11h30-22h30 (21h30 dim.)
La verrière de l'élégante salle de restaurant ouvre sur le jardin du MoMA. Plus animé, le bar permet de goûter à moindre coût à la cuisine de Gabriel Kreuther. Dans les deux cas, une chère légère et inventive, métissant les savoir-faire alsacien et français du chef. Plat 16-35$ (bar) ; menu lunch 62-76$, dîner 108-155$ (restaurant).

PÂTISSERIE, SALONS DE THÉ

Amy's Bread (D D2)
→ 672 9th Ave. / 47th Ave.
Tél. 212 977 2670
Lun.-ven. 7h30-22h (23h mer.-ven.), w.-e. 8h-23h (22h dim.)
Une boulangerie de quartier, pour ses cookies et pains fantaisie.

Dean & DeLuca Cafe (D F2)
→ 1 Rockefeller Plaza
Tél. 212 664 1372
Lun.-ven. 7h-19h, w.-e. 8h-17h
Le célèbre café-traiteur a plusieurs adresses en ville. Celle-ci est pratique, près de l'animation du Rockefeller Center : une enclave de calme pour un expresso italien, une pâtisserie ou un snack.

THÉÂTRES, BAR, CLUBS

Théâtres de Broadway (D D1-D3)
→ Broadway / W 42nd / W 53rd Sts Tél. 212 541 8457
www.broadway.com
Les Champs-Élysées de la comédie musicale ! Cats, Les Misérables... tous les plus grands musicals sont passés par Broadway. Régulièrement à l'affiche : Chicago, Wicked, The Phantom of the Opera...
À réserver à l'avance.

TKTS Broadway (D E2)
→ Duffy Square Broadway / 47th St Mer.-lun. 15h-20h (19h dim.), mar. 14h-20h
Matinées : mer., sam. 10h-14h ; dim. 11h-16h www.tdf.org
Billets à prix réduits le jour du spectacle.

Stitch (D D3)
→ 247 W 37th St
Tél. 212 852 4826
Lun.-ven. 11h-2h, sam. 17h-4h
Bondé à la sortie des bureaux, un lounge dans un bâtiment au charme du XIXe s. Étonnant juke-box relié à Internet.

The Iridium (D D2)
→ 1650 Broadway / 51st St
Tél. 212 582 2121
Concerts 20h et 22h
L'un des grands clubs de jazz de la ville, patronné en son temps par Les Paul. Programmation de haute volée. Snacks à petits prix.

BB King Blues Club and Grill (D D3)
→ 237 W 42nd St
Tél. 212 997 4144
Concerts Lun.-ven. 19h30, 20h ; w.-e. 22h, 0h Gospel Brunch Dim. 12h30, 13h30
Des concerts de jazz le soir et un fameux Gospel Brunch le dimanche. À côté de la salle, le Lucille's Bar permet de dîner en musique. Cosy et intime.

SHOPPING

Macy's (D E4)
→ 151 W 34th St / Broadway
Tél. 212 695 4400
Lun.-sam. 9h (10h sam.)-21h30, dim. 11h-20h30
100 000 m² et 35 000 visiteurs par jour : Macy's revendique le titre de plus grand magasin du monde ! Tous les rayons habituels, en de plus vastes proportions. Soldes très avantageux.

B&H (D D4)
→ 420 9th Ave. / W 34th St
Tél. 800 947 9910 Lun.-ven. 9h-19h (14h ven.), dim. 10h-18h
Le plus vaste magasin de produits audiovisuels de New York : matériel photo, vidéo et informatique à des prix très intéressants.

Midtown Comics (D E3)
→ 200 W 40th St / 7th Ave.
Tél. 212 302 8192 Lun.-sam. 8h-0h, dim. 12h-20h
Un magasin entièrement dédié aux BD, ou comics. Grand choix d'albums et de produits dérivés (tee-shirts, déguisements, statuettes, vidéos) à l'effigie des super-héros.

Hell's Kitchen Flea Market (D C3)
→ W 39th St / 9th Ave
W.-e. 9h-17h
De vraies trouvailles (vêtements, bijoux vintage, antiquités...) à faire chaque week-end pour ceux qui aiment fouiller !

Anthropologie (D F2)
→ 50 Rockefeller Plaza / 50th St Tél. 212 246 0386
Tlj. 10h-21h (20h dim.)
La marque "hippie chic" préférée des New-Yorkaises : vêtements fluides, bien coupés et colorés, d'inspiration ethnique ; bougies parfumées, plaids et objets déco raffinés...

MoMA Design Store (D E1)
→ 44 W 53rd St Tél. 212 767 1050
Tlj. 9h30-18h30 (21h ven.)
Face au MoMA : jeux, gadgets, lithographies et rééditions de design des années 1940 à 1970, des meubles d'Eames aux luminaires de Noguchi.

MADAME TUSSAUDS

INTERNATIONAL CENTER OF PHOTOGRAPHY

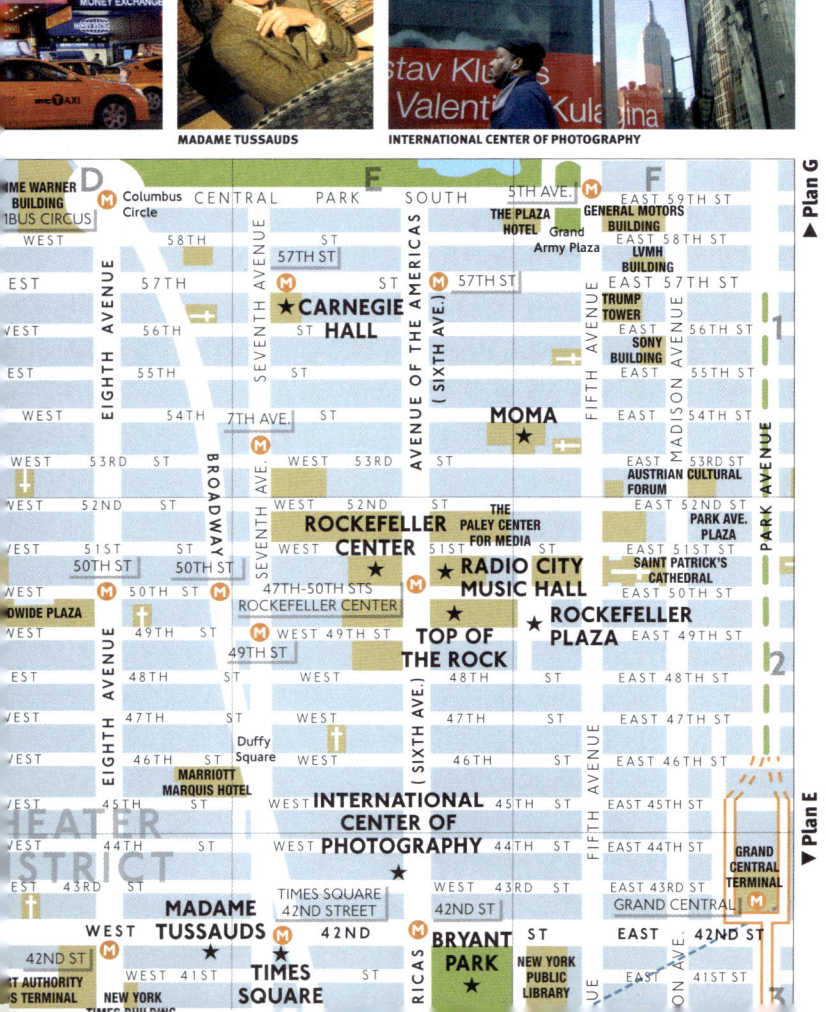

MUSEUM OF MODERN ART (MOMA)

CARNEGIE HALL

nble avions de
, hélicoptères,
es et navette
les, centre de pilotage
u'un sous-marin.
kefeller Center

es premiers centres
erciaux du monde.
de la célèbre
feller Plaza ne
cent pas moins de
ments, financés par
. Rockefeller Jr (1874-
héritier et successeur
gnat du pétrole John
n Rockefeller, et
s par Raymond Hood,
 file de l'Art déco.
kefeller Plaza (D F2)
th St / W 50th St

Au centre de ce symbole
de Rockefeller Center,
le Prométhée en bronze
doré de Paul Manship.
Transformée en patinoire
en hiver, la place accueille
chaque 1er déc. un sapin
de Noël de 40 m de haut !
★ **Radio City Music Hall
(D** E2)
→ 1260 6th Ave. / W 50th St
Tél. 212 247 4777
Visites guidées Tlj. 11h-15h
Inauguré en 1932 en
présence de Charlie Chaplin,
Clark Gable et Arturo
Toscanini, le Radio City
Music Hall est avec ses
quelque 6 000 places
une scène new-yorkaise
mythique. L'intérieur de

l'édifice est un chef-d'œuvre
d'architecture Art déco.
★ **Top of the Rock (D** E2)
→ 50th St (entre 5th et 6th Ave.)
Tél. 212 698 2000 Tlj. 8h-0h
Du sommet du General
Electric Building (1933),
un merveilleux panorama
sur la ville, l'Empire State
et Central Park. *Lobby* aux
fresques impressionnantes.
★ **Museum of Modern
Art (MoMA) (D** F1)
→ 11 W 53rd St
Tél. 212 708 9400
Tlj. 10h30-17h30 (20h ven.)
Le MoMA abrite dans ses
espaces lumineux la collection
permanente d'art moderne
et contemporain la plus
riche au monde. Fauvisme,

postimpressionnisme,
cubisme, surréalisme,
le musée présente un
panorama complet dans des
domaines aussi éclectiques
que la peinture, la vidéo, le
design ou la photographie.
★ **Carnegie Hall (D** E1)
→ 881 7th Ave. / 154 W 57th St
Tél. 212 903 9765
Visites guidées Oct.-mai : lun.-
ven. 11h30, 12h30, 14h, 15h ;
sam. 11h30, 12h30 ; dim. 12h30
Tchaïkovski inaugura en
personne, en 1891, cette
doyenne des salles de
concert new-yorkaises. La
qualité de son acoustique
a séduit les plus grands
(Caruso, Toscanini, Karajan,
les Beatles, Bill Haley, etc.).

GRAND CENTRAL TERMINAL

CHRYSLER BUILDING

★ Empire State Building (E A5)
➜ 350 5th Ave. / 33rd St
Tél. 212 736 3100 Tlj. 8h-2h
Quand il fut achevé, en 1931, ce gratte-ciel mythique détrôna le Chrysler Building et devint, avec ses 381 m, la plus haute construction jamais réalisée par l'homme. Le mât au sommet servait à l'amarrage des dirigeables. Il attire chaque jour 35 000 visiteurs venus contempler Downtown et Central Park des 86e et 102e étages. Une vue à couper le souffle !

★ The Morgan Library (E B5)
➜ 225 Madison Ave. / 36th St
Tél. 212 685 0008
Lun.-ven. 10h30-17h (21h ven.), w.-e. 10h (11h dim.)-18h
La merveilleuse collection de livres rares, de dessins de maîtres et de reliures médiévales du financier J. Pierpont Morgan, abritée dans un palais néo-Renaissance de 1903.

★ New York Public Library (E A4)
➜ 455 5th Ave. / W 42nd St
Tél. 917 275 6975 Lun.-ven. 8h-23h (20h ven.), w.-e. 10h-18h
Avec plus de 11 millions d'ouvrages, c'est la deuxième bibliothèque publique du pays après celle du Congrès, à Washington. L'escalier, orné de deux lions en marbre, est un lieu de rencontre prisé des New-Yorkais.

★ Grand Central Terminal (E B4)
➜ E 42nd St / Park Ave.
Sa construction, achevée en 1913, amène le train au cœur de Manhattan. Sculptures monumentales en façade, dominées par une horloge de 4 m de diamètre ! Le gigantisme de ce vaisseau de style Beaux-Arts est saisissant, tout comme la foule des 500 000 voyageurs qui le traversent chaque jour ! Son grand hall de marbre (114 m de long, 36 m de large) prend toute son ampleur le soir venu, lorsque s'illumine la vo[ûte] céleste "inversée" du peintre français Paul He[...]

★ Chrysler Building (E B4)
➜ 405 Lexington Ave. / E 4[...]
Ouvert aux heures de bure[au]
Sa flèche en acier en a [fait] l'un des symboles de New York. Construit par l'architecte William Van [Alen] à la demande de Walte[r P.] Chrysler, magnat de l'automobile, ce gratte-[ciel] Art déco flamboyant (19[30]) exprime le luxe et la précision mécanique d[e] la marque. Marbre, acie[r] chromé, granit et boise[ries] incrustées de motifs flo[raux]

Midtown East / Fifth Avenue

EMPIRE STATE BUILDING

THE MORGAN LIBRARY

NEW YORK PUBLIC LIBRARY

▲ **Plan D**

A **B**

CENTRAL PARK

5TH AVE.

CENTRAL PARK SOUTH
EAST 59TH ST

THE PLAZA HOTEL   Grand Army Plaza   GENERAL MOTORS BUILDING

WEST 58TH ST   EAST 58TH ST

LVMH BUILDING

57TH ST

1

WEST 57TH ST   EAST 57TH

TRUMP TOWER ★

WEST 56TH ST   EAST 56TH

SONY BUILDING

WEST 55TH ST   EAST 55TH ST

EAST 54TH ST

MOMA

WEST 53RD ST   EAST 53RD ST

AUSTRIAN CULTURAL FORUM

SEAGRAM BUILDING

2

WEST 52ND ST   EAST 52ND ST

ROCKEFELLER CENTER   **SAINT PATRICK'S CATHEDRAL**   PARK AVENUE PLAZA

47TH-50TH STS ROCKEFELLER CENTER   EAST 51ST ST   51S

GENERAL ELECTRI BUILDIN

WEST 50TH ST   EAST   **VILLARD MANSIONS** ★   50TH ST

RCA BUILDING

WEST 49TH ST   EAST 49TH ST

WEST 48TH ST   EAST 48TH ST

WEST 47TH ST   EAST 47TH ST

3

WEST 46TH ST   EAST 46TH ST

WEST 45TH ST   EAST   45TH ST

WEST 44TH ST   EAST 44TH ST

GRAND CENTRAL TERMINAL ★

WEST 43RD ST   EAST 43RD ST

GRAND CENTRAL

42ND ST   EAST 42ND ST

NEW YORK PUBLIC LIBRARY ★

41ST ST

CHAN BUILD

4

BRYANT PARK

FIFTH AVENUE (5TH AVENUE)
MADISON AVENUE
PARK AVENUE
AVENUE OF THE AMERICAS (SIXTH AVENUE)
VANDERBILT AVE
DEPEW PL.

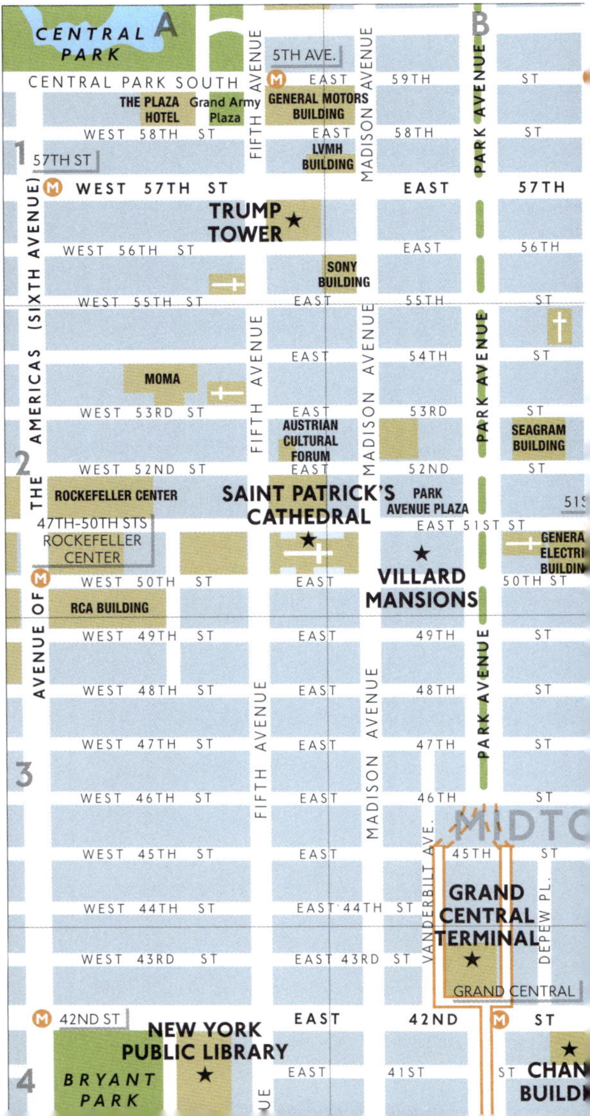

Midtown East / Fifth Avenue

E

Entre Fifth Avenue et l'East River, cette partie de New York n'a pas grand caractère, mais offre une belle balade architecturale. Le siège de l'ONU et le terminal de la gare de Grand Central, par où transitent des millions de New-Yorkais, rivalisent avec les chefs-d'œuvre Art déco que sont les Chrysler et Chanin Buildings. L'Empire State Building ouvre la perspective vers le nord de Fifth Avenue et ses boutiques, des lions de marbre de la New York Public Library aux flèches de la cathédrale Saint-Patrick.

PONGAL

GRAND CENTRAL OYSTER BAR

RESTAURANTS

Pongal (E B6)
→ *110 Lexington Ave. / 28th St*
Tél. 212 696 9458
Tlj. 12h-22h30
L'un des très bons restaurants indiens de la ville, et l'un des rares à proposer la vraie cuisine végétarienne du Sud (*utthappam*, *dosai*...). Simple et chaleureux. Formule lunch 8$, plat 10-15$.

Hangawi (E A6)
→ *12 E 32nd St / 5th Ave.*
Tél. 212 213 0077 Lun.-ven. 12h-14h45, 17h-22h15 ; sam. 13h-22h30 ; dim. 17h-21h30
Bienvenue dans la Corée chic, zen et végétarienne. Les salades de ginseng et de tofu sont un vrai délice, à accompagner d'une liqueur de litchi. Menu dégustation 50$, plat 10-30$.

Chola (E C1)
→ *232 E 58th Ave. / 2nd Ave.*
Tél. 212 688 4619 Tlj. 12h-15h, 17h-23h (22h dim.)
Un autre indien, parmi les meilleurs de New York : bouquet de saveurs subtiles, dans une salle élégante aux couleurs chaudes. Lunch buffet 15$, plat 12-25$.

P. J. Clarke's (E C1)
→ *915 3rd Ave. / E 55th St*
Tél. 212 317 1616
*Tlj. 11h30-3h **Bar** 11h30-4h*
Ce *saloon* légendaire ouvert en 1884 a conservé sa patine et continue de servir burgers, recettes traditionnelles américaines, cheese-cakes et alcools toute la nuit. Nat King Cole, Frank Sinatra et les Kennedy comptaient parmi les habitués... Plat 18-30$.

Grand Central Oyster Bar (E B4)
→ *89 E 42nd St / Grand Central Terminal*
Tél. 212 490 6650
Lun.-ven. 11h30-22h
Au sous-sol de Grand Central, assiettes de poisson et de fruits de mer servies dans une grande salle voûtée de carrelage blanc. Pour se régaler d'une soupe aux clams, ou de l'une des quelques dizaines de variétés d'huîtres à la pièce. Plat 20-30$.

Pampano (E C3)
→ *209 E 49th St / 3rd Ave*
Tél. 212 751 4545
Lun.-sam. 11h30-14h30, 17h-22h (22h30 jeu.-sam.) ; dim. 11h30-15h, 17h-21h30
Dans une salle blanchie à la chaux, cuisine mexicaine moderne où les fruits de mer sont rois. *Empanadas de camarón*, mélange étonnant de crevettes et de fromage *manchego*,

CENTRAL MARKET

NIKE TOWN

FAO SCHWARZ

et *ceviche* (poisson cru mariné) de thon, de flétan ou de dorade. Plat 25-32$.

SALON DE THÉ, MARCHÉ

Café M (E A6)
→ *315 5th Ave. / Entrée sur E 32nd St Tél. 212 213 8392 Lun.-ven. 7h-19h, sam. 8h-18h*
Un petit café au décor couleur pâte d'amande, où prendre des boissons chaudes et des pâtisseries à emporter.

Grand Central Market (E B4)
→ *Lexington Ave. / E 42nd St Lun.-ven. 7h-21h, sam. 10h-19h, dim. 11h-18h*
Installé dans l'une des ailes de Grand Central Terminal, ce marché propose tout un éventail de produits frais à grignoter ou pour le pique-nique : fromages, pains fantaisie, fruits, plats cuisinés, cheese-cake traditionnel, etc.

BARS

The Campbell Apartment (E B4)
→ *15 Vanderbilt Ave. / Grand Central Terminal Tél. 212 953 0409 Lun.-ven. 12h-1h (2h ven.), sam. 14h-2h, dim. 15h-0h*
Moquette épaisse, boiseries sombres, petits vitraux à l'ancienne signent un cadre gothique à l'élégance délicieusement datée et romantique. Pour siroter un cocktail savant devant une assiette de charcuterie ou de fromage. Au rdc de Grand Central Station.

Salon de Ning (E A2)
→ *700 5th Ave. / W 55th St Tél. 212 903 3097 Tlj. 17h-1h*
Un bar très chic, au 23ᵉ étage de l'hôtel Peninsula et son décor inspiré du Shanghai Art déco des années 1930. Aux beaux jours, sa terrasse est idéale pour un apéritif haut perché : vue plongeante sur 5th Ave. et belle carte de cocktails.

King Cole Bar (E A2)
→ *2 E 55th St / 5th Ave. Tél. 212 339 6857 Lun.-sam. 11h30-1h, dim. 12h-0h*
Dans le cadre luxueux de l'hôtel St Regis, voici le bar où aurait été inventé le Bloody Mary. On y vient pour les cocktails et pour l'impressionnant décor de fresques murales.

SHOPPING

Brooks Brothers (E B3)
→ *346 Madison Ave. / E 44th St Tél. 212 682 8800 Lun.-ven. 8h-20h, w.-e. 9h (11h dim.)-19h*
Les stars hollywoodiennes s'y précipitaient dans les années 1940. Aujourd'hui, c'est "le" lieu où acheter la panoplie du parfait gentleman : large choix de chemises, costumes et pyjamas très *smart*. Aussi pour la femme BCBG active et chic : tailleurs, pulls en cachemire, chemisiers à rayures, etc.

Saks Fifth Avenue (E A3)
→ *611 5th Ave. / 49th St Tél. 212 753 4000 Lun.-sam. 10h-20h, dim. 11h-19h*
Un grand magasin absolument mythique ! Derniers créateurs à la mode, marques de luxe, beau rayon de parfums et bijoux fantaisie.

Tiffany & Co. (E A1)
→ *727 5th Ave. / W 57th St Tél. 212 755 8000 Lun.-sam. 10h-19h, dim. 12h-18h*
Tiffany & Co. n'a pas attendu d'être immortalisé par Blake Edwards dans le film *Breakfast at Tiffany's* pour accéder au rang d'institution new-yorkaise. Spécialisé dans les bijoux, il ravira les croqueuses de diamants. Pour admirer les somptueuses parures, ou acquérir de petites pièces plus modestes.

Bergdorf Goodman (E A1)
→ *754 5th Ave. / W 58th St Tél. 212 753 7300 Lun.-sam. 10h-20h (19h sam.), dim. 11h-18h*
Fondé au tout début du XXᵉ s. par un tailleur alsacien et son jeune associé, ce grand magasin de luxe rassemble les corners des plus grands designers du monde. Il est célèbre pour son rayon robes de mariée (de conte de fées), pour son café *so chic* et pour ses vitrines de Noël. Boutique pour hommes tout aussi sensationnelle de l'autre côté de 5th Ave.

Nike Town (E A1)
→ *6 E 57th St Tél. 212 891 6453 Tlj. 10h (11h dim.)-20h*
Un véritable temple dédié au culte de la basket Nike et du *sportswear* assorti ! Autour d'un immense atrium futuriste, les modèles, souvent exclusifs, sont présentés comme des œuvres d'art.

FAO Schwarz (E A1)
→ *767 5th Ave. / E 58th St Tél. 212 644 9400 Lun.-sam. 10h-19h (20h ven.-sam.)*
Un gigantesque empire du jouet comme dans un rêve d'enfant : peluches de 3 m de haut, chevaux en bois, poupées, jeux éducatifs, costumes... À visiter, ne serait-ce que pour le plaisir !

▼ Plan J

VILLARD MANSIONS

UNITED NATIONS

CHANIN BUILDING

▼ Plan G

EAST RIVER

QUEENS MIDTOWN TUNNEL

Tudor City Place — 41ST ST — EAST
DAILY NEWS BUILDING
42ND ST — EAST
FORD FOUNDATION BUILDING
EAST 43RD ST

UNITED NATIONS PLAZA
★ UNITED NATIONS

44TH ST — EAST
45TH ST — EAST
46TH ST — EAST

HAMMARSKJOLD PLAZA
47TH ST — EAST

FRANKLIN DELANO ROOSEVELT DRIVE

48TH ST — EAST

FIRST AVENUE / SECOND AVENUE / THIRD AVENUE

Mitchell Place / Beekman Place
49TH ST — EAST
50TH ST — EAST
51ST ST — EAST
52ND ST — EAST
53RD ST — EAST
54TH ST — EAST

Sutton Place
55TH ST — EAST
56TH ST — EAST
EAST 57TH ST — 57TH ST — EAST
58TH ST
59TH ST

QUEENSBORO BRIDGE
ROOSEVELT ISLAND TRAMWAY

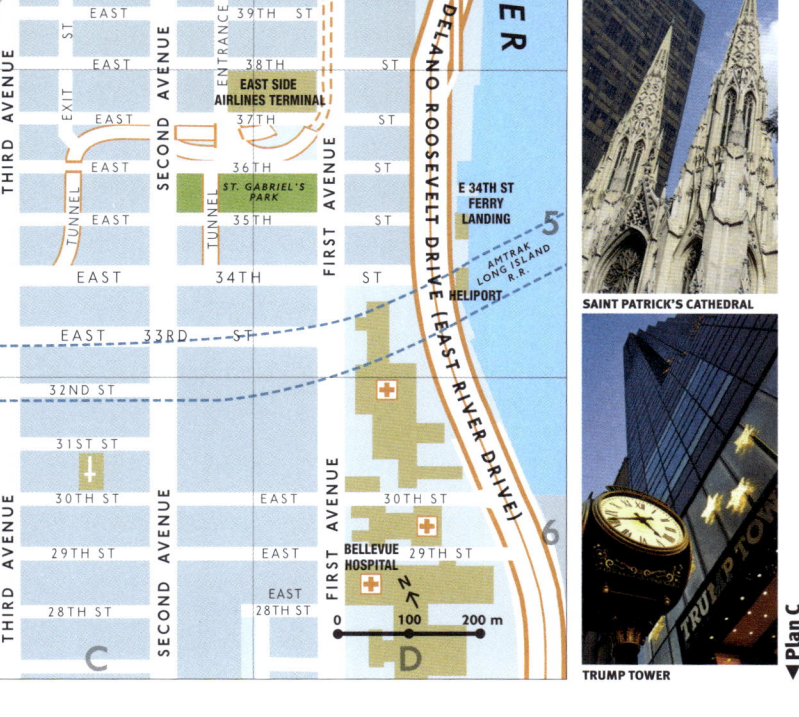

SAINT PATRICK'S CATHEDRAL

TRUMP TOWER

▲ Plan C

nt son splendide

nin Building (E B4)
→ 42nd St / Lexington Ave.
bel exemple de l'Art
ew-yorkais, cet
ible de 1928 est
ré de magnifiques
en bronze sur le
de l'évolution.
ted Nations (E D3)
ve. / 46th St
963 8687 Lun.-ven.
6h15 visit.un.org
uidée sur réservation
ttes les 30 min
. Rockefeller offrit
lions de dollars pour
isition de 7 ha de
en bordure de l'East
e complexe colossal

sera édifié au lendemain de la Seconde Guerre mondiale par une équipe de dix architectes, dont le Français Le Corbusier. Visiter la célèbre salle du Conseil de sécurité, la bibliothèque et le bâtiment de l'Assemblée générale permet de mieux comprendre le fonctionnement complexe de ce parlement mondial.
★ **Villard Mansions**
(E B2)
→ 451-457 Madison Ave. / E 51st St
Un étonnant édifice de *brownstone*, de style néo-Renaissance, bâti en 1885 pour répondre aux rêves de grandeur de Henry

Villard, riche fondateur de la Northern Pacific Railway. Ruiné, il dut vendre ses six hôtels particuliers. L'un d'eux est occupé par le New York Palace Hotel, dont le hall principal est ouvert au public.
★ **Saint Patrick's**
Cathedral (E A2)
→ 5th Ave. / 50th St
Tlj. 6h30-20h45
Pas de visite pendant le culte
La plus grande cathédrale catholique des États-Unis (2 400 places). Sa construction, inspirée des cathédrales gothiques européennes, s'échelonne de 1858 à 1888. Édifiée pour l'importante

communauté irlandaise de la ville, elle sert de point de départ aux célèbres parades de Pâques et de la Saint-Patrick.
★ **Trump Tower (E** A1)
→ 725 5th Ave. / E 56th St
Tlj. 8h-22h
On doit cette folie architecturale au géant de l'immobilier et milliardaire Donald Trump. Bâtie en 1983, la luxueuse tour de 58 étages se dresse à 202 m et recèle un spectaculaire atrium de 5 étages, habillé de marbre d'Italie, et une cascade haute de 24 m. Au 5ᵉ étage, la vaste terrasse arborée est aussi surprenante qu'agréable.

LINCOLN CENTER

AMERICAN FOLK ART MUSEUM

★ **Columbus Circle (F** C6)
→ *Angle S-O de Central Park*
Cette grande place fut baptisée ainsi en 1892, pour célébrer le 400ᵉ anniversaire de la découverte de l'Amérique. Au centre, une colonne de marbre porte la statue de Christophe Colomb. Côté ouest, les tours de verre du Time Warner Center abritent boutiques et restaurants réputés.

★ **Maine Memorial (F** C6)
→ *Angle S-O de Central Park*
Le magnat de la presse William R. Hearst fit édifier le Maine Memorial en 1913 en mémoire du vaisseau américain *Maine*, coulé en 1898 par les Espagnols dans le port de La Havane. Épisode qui amorça le conflit entre les deux pays. Le monument, de marbre et de bronze doré, est l'œuvre du sculpteur Attilio Picarelli.

★ **Museum of Arts and Design (MAD) (F** C6)
→ *2 Columbus Circle*
Tél. 212 299 7777 Mar.-mer., w.-e. 10h-18h ; jeu.-ven. 11h-21h
Inauguré en 2008, un musée du design éblouissant, tout en verre et céramique. Pour un excellent aperçu des dernières tendances en matière d'objets et d'ameublement, confrontées à des œuvres d'artistes contemporains.

★ **Lincoln Center (F** B5)
→ *Tél. 212 875 5350*
Visites guidées Tlj. 10h30-16h30
Premier complexe culturel des États-Unis, édifié à l'initiative de John D. Rockefeller et inauguré en 1966. Sept bâtiments et douze salles peuvent accueillir quelque 12 000 spectateurs. Vedettes incontestées : le Metropolitan Opera House et son hall orné de peintures de Chagall, l'Avery Fisher Hall, salle du New York Philharmonic Orchestra, le New York State Theater, le Lincoln Center Theater, et la Juilliard School of Mus

★ **American Folk Art Museum (F** C5)
→ *2 Lincoln Sq. / W 66th S*
Colombus Ave. Tél. 212 595
Mar.-dim. 12h-19h30 (18h
L'art populaire et l'*Outs Art* sont présentés ici p le biais des collections permanentes et de passionnantes expositions. Concert gratuit le ven. à 17h30.

★ **Dakota Building (F**
→ *W 72nd St / Central Park*
Édifié en 1884, selon le souhait d'Edward Clark président des machine à coudre Singer, le Dak

Upper West Side

COLUMBUS CIRCLE

MAINE MEMORIAL

A

B

RIVERSIDE PARK

RIVERSIDE DRIVE

HENRY HUDSON PARKWAY

RIVERSIDE PARK

RIVERSIDE PARK

WEST END AVE.

AMSTERDAM AVE.

BROADWAY

WEST 89TH ST
WEST 88TH ST
WEST 87TH ST
WEST 86TH ST
86TH STREET
WEST 85TH ST
WEST 84TH ST
WEST 83RD ST
WEST 82ND ST
WEST 81ST ST
WEST 80TH ST
79TH STREET
WEST 79TH ST
WEST 78TH ST
WEST 77TH ST
WEST 76TH ST
WEST 75TH ST
WEST 74TH ST
ANSONIA HOUSE
WEST 73RD ST
72ND STREET
WEST 72ND ST
WEST 71ST ST
WEST 70TH ST

1

2

3

4

W

Upper West Side

Immortalisé en 1957 par *West Side Story*, de Leonard Bernstein, l'Upper West Side a bien changé depuis, et les célébrités préfèrent ce quartier luxueux, mais animé, à son alter ego de l'Est. Lincoln Center, temple de la musique, de la danse et du théâtre, y est pour beaucoup. De Columbus Circle à Broadway, bars et restaurants accueillent les noctambules après le spectacle. De Lincoln Center, une balade à pied le long de Central Park conduit au Museum of Natural History.

BARNEY GREENGRASS

OCEAN GRILL

RESTAURANTS

Salumeria Rosi (F B3)
➔ *283 Amsterdam Ave. / 74th St Tél. 212 877 4800 Lun.-ven. 12h-22h30 (23h30 ven.), w.-e. 11h-23h30 (22h dim.)*
Charcuterie-épicerie fine dotée de quelques tables et d'un décor élégant, où savourer sur place des assiettes de dégustation et quelques spécialités italiennes : délicieuses pâtes et légumes grillés. Assiette ou plat 9-17$.

Whole Foods Market (F C6)
➔ *10 Columbus Circle Tél. 212 823 9600 Tlj. 8h-23h*
Au sous-sol du Time Warner Center, ce supermarché bio propose toutes sortes de plats chauds ou froids à emporter : salades, sushis, curries… mais aussi une belle variété de pains et de fromages. Idéal pour un pique-nique à Central Park ! Petite salle pour consommer sur place. Portion 10-15$.

Barney Greengrass (F B1)
➔ *541 Amsterdam Ave. / W 87th St Tél. 212 724 4707 Mar.-dim. 8h30-18h*
Très réputé pour ses poissons fumés, ce *deli* au décor en Formica prépare de larges assiettes de saumon ou d'esturgeon, accompagnés d'un bagel et de fromage frais. Et aussi de réconfortantes spécialités juives new-yorkaises : soupe généreuse et délicieux *chopped liver* (foie haché aux oignons). Plat 12-50$.

Café Luxembourg (F B4)
➔ *200 W 70th St / Amsterdam Ave. Tél. 212 873 7411 Lun.-ven. 8h-23h (0h mer.-ven.), w.-e. 9h-0h (23h dim.)*
L'esprit bistro, entre long bar en métal poli et petites tables nappées de blanc, pour une cuisine simple et authentique (huîtres, steak tartare, *fish & chips*). Clientèle élégante mais décontractée, ambiance reposante. Plat 17-34$.

Ocean Grill (F C3)
➔ *384 Columbus Ave. / W 78th St Tél. 212 579 2300 Lun.-sam. 11h30-22h (22h30 jeu. ; 23h ven. ; 23h30 sam.), dim. 22h30-22h*
La meilleure brasserie de New York pour les *raw diners*, ces plateaux de crustacés ou poisson en lamelles servis crus. Produits de haute volée et de première fraîcheur. Également un choix de plats chauds classiques. Terrasse agréable derrière le musée d'Histoire naturelle. Menu midi 25$, soir 36$; plat 26-35$.

THE BEACON THEATRE

BLADES WEST

Nougatine at Jean-Georges (F C6)
→ 1 Central Park West
Tél. 212 299 3900
Lun.-ven. 7h-15h30, 17h30 (17h ven.)-23h ; w.-e. 8h-23h
Créée sous l'égide du très réputé Jean-Georges Vongerichten, cette table est l'une des plus raffinées de la ville, légère et inventive. Tout l'art d'un grand chef pour des formules abordables. Une brasserie chic, pas snob du tout ! Plat 19-38$, menu dégustation (soir) 88$.

SALON DE THÉ, GLACIER

Sarabeth's (F B2)
→ 423 Amsterdam Ave. / W 80th St Tél. 212 496 6280
Tlj. 8h-22h30 (22h dim.)
Pour les amateurs de breakfast (brunch le w.-e.) ou de pause sucrée, confitures et pâtisseries hors pair, muffins, cookies, gâteaux, omelettes et jus de fruits divins.

Grom (F C6)
→ 1796 Broadway
Tél. 212 974 3444
Été : tlj. 11h-0h (1h ven.-sam.) ; hiver : lun.-jeu. 12h-23h, ven.-dim. 11h-23h30 (23h dim.)
De vraies glaces italiennes ultra-fraîches et sucrées sans excès, à base de produits rares et de qualité. Saveurs fines et originales.

BARS

Stone Rose Lounge (F C6)
→ 10 Columbus Circle / W 58th St Tél. 212 823 9769 Tlj. 12h-2h (3h jeu.-sam. ; 0h dim.)
Dans le Time Warner Center (4e étage), un lounge élégant prisé pour sa vue sur Columbus Circle et Central Park. Cocktails insolites (martinis au basilic !).

MObar (F C6)
→ 80 Columbus Circle
Tél. 212 805 8800 Mar.-sam. 16h-0h (1h ven.-sam.)
Une clientèle huppée se relaxe autour de mojitos au gingembre dans ce bar sophistiqué et intimiste, perché au 35e étage du Mandarin Oriental Hotel. Vue superbe sur Central Park et la ville.

CONCERTS

Lincoln Center (F B5)
→ 10 Lincoln Center Plaza
www.lincolncenter.org
Les plus prestigieuses compagnies new-yorkaises de musique, d'opéra, de danse et de théâtre (The Metropolitan Opera, New York Philharmonic, New York City Ballet, etc.) sont ici ! Multiples salles pour une programmation éclectique de premier ordre.

The Beacon Theatre (F B3)
→ 2124 Broadway / W 74th St
Tél. 212 465 6500
www.beacontheatre.com
L'un des plus beaux théâtres de New York, qui a gardé son somptueux cadre Art déco. Programmation musicale variée. Leonard Cohen, Bruce Springsteen ou Sting s'y sont produits.

Dizzy's Club Coca-Cola (F C6)
→ Columbus Circle / W 60th St
Tél. 212 258 9595
Concerts Tlj. 19h30, 21h30 (et ven. 23h30) www.jalc.org
Une institution du jazz à New York, qui continue à jouer un rôle de découvreur de talent tous les lundis.

SHOPPING

Loehmann's (F B3)
→ 2101 Broadway / W 74th St
Tél. 212 882 9990
Lun.-sam. 9h-22h, dim. 11h-20h
Fins de série de grandes marques ou de couturiers. On fait de vraies bonnes affaires, notamment pour les sacs ou les robes, en fouillant un peu !

Zabar's (F B2)
→ 2245 Broadway / W 80th St
Tél. 212 787 2000
Lun.-sam. 8h-19h30, dim. 9h-18h
L'épicerie fine idéale pour un pique-nique chic : superbes rayons de fromages, de poisson et de viandes fumées, très large choix de pâtisseries, bel assortiment de cafés et de thés rares. Aussi des ustensiles de cuisine.

Acker Merrall & Condit Co. (F B4)
→ 160 W 72nd St / Broadway
Tél. 212 787 1700 Lun.-sam. 10h-21h, dim. 12h-19h
La plus ancienne cave à vins new-yorkaise. Crus en provenance du monde entier et ventes aux enchères de sublimes bouteilles.

Blades West (F B4)
→ 156 W 72nd St / Broadway
Tél. 212 787 3911
Tlj. 10h-20h (19h dim.)
Tout près de Central Park, un rendez-vous des jeunes skaters. Planches, vêtements, snowboards et location de rollers pour une virée au parc !

Housing Works (F C3)
→ 306 Columbus Ave. / 74th St
Tél. 212 579 7566
Lun.-sam. 10h-19h (18h sam.), dim. 12h-17h
Vêtements d'occasion, livres et objets de seconde main, souvent donnés par de grandes maisons à cette boutique dont les bénéfices sont reversés à des associations.

▼ Plan G

STRAWBERRY FIELDS

DAKOTA BUILDING

▼ Plan H

AMERICAN MUSEUM OF NATURAL HISTORY

RIVERSIDE PARK

ng fut le premier exe new-yorkais artements de luxe. restigieuse adresse duisit nombre de Lauren Bacall, rd Bernstein...) servit de cadre à *Rosemary's Baby*. écembre 1980, ssinat de John n, devant l'entrée mmeuble, le rendit ment célèbre.

awberry Fields

ral Park West / W 72nd St un coin ılièrement bucolique ntral Park, face au a Building, où John Lennon fut abattu, une mosaïque nommée *Imagine*, symbole de paix, évoque l'un des plus grands succès du chanteur. De nombreux fans s'y recueillent encore.

★ New York Historical Society (F C3)
→ *170 Central Park West / W 77th St Tél. 212 873 3400*
Mar.-sam. 10h-18h (20h ven.), dim. 11h-17h
Le plus ancien des musées new-yorkais (1804) expose sur les 4 niveaux de son bâtiment néoclassique une collection éclectique consacrée à la ville et à l'État de New York depuis trois siècles : de l'histoire des transports new-yorkais aux lampes Tiffany, en passant par des aquarelles du naturaliste Audubon, sans oublier une vaste collection d'affiches publicitaires et de cartes postales anciennes.

★ American Museum of Natural History (F C3)
→ *W 79th St / Central Park West Tél. 212 769 5100*
Tlj. 10h-17h45
Le plus grand musée d'histoire naturelle du monde. Expositions sur les minéraux, les mammifères, les dinosaures, les oiseaux et les civilisations africaines, indienne et asiatiques. Projections de films documentaires sur écran géant dans la salle Naturemax.

★ Riverside Park (F A3)
→ *Riverside Drive*
Aménagé sur plus de 80 *blocks,* le long de l'Hudson, Riverside Park est le deuxième espace vert de Manhattan, derrière Central Park. L'architecte paysagiste Frederick Law Olmsted utilisa en 1875 les anciennes voies ferrées du New York Central Railroad pour créer ce vaste parc où se retrouvent aujourd'hui les étudiants de la toute proche université Columbia.

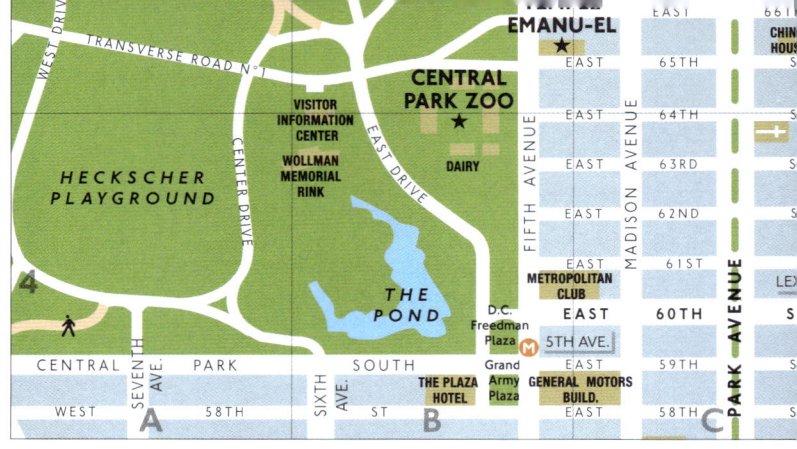

TEMPLE EMANU-EL

ASIA SOCIETY

★ **Central Park (G** A2)
→ *Tlj. 6h-1h*
Immortalisé par les cinéastes, de John Schlesinger à Rob Reiner et Woody Allen, le plus célèbre des parcs new-yorkais est l'œuvre (1858-1873) des paysagistes Frederick Law Olmsted et Calvert Vaux qui firent acheminer plus de 500 000 arbres sur 340 ha. Parmi les endroits magiques, ne pas manquer la *skyline*, vue de l'océan de verdure de Sheep Meadow, les sentiers autour du lac ou la patinoire, Wollman Rink, en hiver.

★ **Central Park Zoo (G** B4)
→ *E 64th St Tél. 212 439 6500 Avr.-début nov. : tlj. 10h-17h (17h30 w.-e.) ; début nov.-mars : tlj. 10h-16h30*
Plus de 500 animaux répartis sur trois espaces : tropical, tempéré et polaire. La fidèle reconstitution des différents écosystèmes permet d'observer, entre autres curiosités, une tribu de pingouins sur une banquise artificielle et l'évolution des oiseaux dans une forêt tropicale miniature.

★ **Bethesda Fountain / The Mall (G** A2)
Cette fontaine gardée par un ange biblique, achevée en 1873 face au lac, rend hommage à celle qui porte le même nom à Jérusalem. La terrasse qui la surmonte se prolonge par le Mall, vaste esplanade ombragée où roulent les fans de rollers.

★ **Bow Bridge / The Ramble (G** A2)
Le romantique Bow Bridge, unique, traverse le lac. Au nord s'étend The Ramble, une zone sauvage et accidentée du parc.

★ **Roosevelt Island Tramway (G** D4)
→ *E 60th St / 2nd Ave. Tlj. 6h-2h (3h30 ven.-sam.)*
Prendre le téléphérique et s'envoler au-dessus de l'East River, pour le prix d'un ticket de métro avec, de surcroît, un panorama insolite sur la ville !

★ **Mount Vernon Hotel Museum & Garden (G** E4)
→ *421 E 61st St / 1st Ave Tél. 212 838 6878 Mar.-dim. 11h-16h*
Un musée de 9 pièces au joli mobilier XIXe, dans une ancienne auberge où se réfugia jadis les citadins en quête de campagne ! maison, de style fédé... est l'une des plus bel...

▲ Plan F

Upper East Side

Central Park — Upper East Side map

Streets (west side, Manhattan grid):
- MADISON AVENUE
- PARK AVENUE
- FIFTH AVENUE
- MADISON AVENUE

Cross streets: EAST 68TH ST – EAST 83RD ST

Landmarks (east side / Fifth Avenue):
- ASIA SOCIETY
- FRICK COLLECTION
- UKRAINIAN INSTITUTE OF AMERICA
- METROPOLITAN MUSEUM OF ART

Central Park features:
- BOWLING GREENS
- The Mall / LITERARY WALK
- BETHESDA FOUNTAIN / THE MALL
- CHERRY HILL
- PILGRIM HILL
- BOW BRIDGE / THE RAMBLE
- THE LAKE
- THE RAMBLE
- CONSERVATORY POND
- THE GLADE
- CENTRAL PARK
- CEDAR HILL
- TRANSVERSE ROAD Nº 2
- BELVEDERE CASTLE
- TURTLE POND
- CLEOPATRA'S NEEDLE
- THE GREAT LAWN
- EAST DRIVE
- WEST DRIVE

CENTRAL PARK

CENTRAL PARK / WOLLMAN RINK

CENTRAL PARK ZOO
Tickets →

Upper East Side

G

Fief historique de la grande bourgeoisie, l'Upper East Side, quartier luxueux, un peu guindé, est traversé par trois grandes avenues. D'ouest en est, Fifth Avenue devient l'allée des Musées, Museum Mile, bordé de riches hôtels particuliers. Madison Avenue collectionne les grands créateurs de mode. Park Avenue, enfin, très résidentielle, aligne des immeubles cossus gardés par des portiers. Par contraste, à l'est, le Roosevelt Island Tramway offre une envolée vers l'East River.

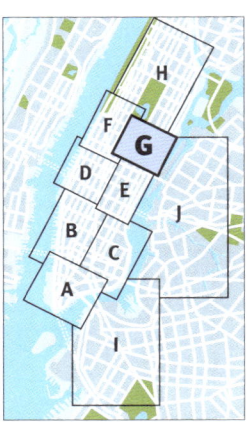

EJ'S LUNCHEONETTE

THE LOEB BOATHOUSE

RESTAURANTS

EJ's Luncheonette (G D2)
→ 1271 3rd Ave. / E 73rd St
Tél. 212 472 0600
Tlj. 7h30-22h30
Un restaurant familial souvent bondé où sont à l'honneur tous les classiques du *diner* américain : burgers, salades et autres snacks. Plat 8-14$.

Via Quadronno (G C2)
→ 25 E 73rd St / Madison Ave.
Tél. 212 650 9880
Lun.-sam. 8h (9h sam.)-23h, dim. 10h-22h
Un petit italien pour de succulents paninis dans la tradition milanaise (jambon fumé, *bresaola* farci...) le jour, ou une vraie carte de la péninsule le soir (soupes, *risotti*, pâtes, etc.). Stand de glaces sur la rue en été. Toujours très animé ! Panini et tartine 7,50-15$; plat 15-38$.

Serendipity 3 (G D4)
→ 225 E 60th St / 2nd Ave.
Tél. 212 838 3531
Tlj. 11h30-0h (1h ven.-sam.)
Après les sempiternels hamburgers, salades et plats américains, ici, la cerise sur le gâteau, c'est bien le dessert ! "Outrageous Banana Split", "Forbidden Broadway", les noms des très copieuses crèmes glacées ne manquent pas d'originalité, tout comme la décoration fantaisiste de ce lieu qu'affectionnait Andy Warhol... Pour une courte pause, ne pas manquer le "Serendipitous Hot Chocolate" ! Plat 13-23$.

E. A. T. (G C1)
→ 1064 Madison Ave. / E 81st St Tél. 212 772 0022
Tlj. 7h-22h
Des produits de Zabar's – *delicatessen* historique – et un décor de bistrot (grands miroirs, carrelage noir et blanc). Délicieux sandwichs et salades, plats de poisson, desserts gourmands. Ambiance décontractée chic à la new-yorkaise. Plat 18-38$.

Maya (G E3)
→ 1191 1st Ave. / E 65th St
Tél. 212 585 1818
Dim.-ven. 11h30-22h (23h jeu.-ven.), sam. 10h30-23h
Ici, l'heure est mexicaine, dans une atmosphère chaleureuse et cosy. Belle variété de viandes grillées fondantes, accompagnées d'une savoureuse purée de maïs poêlée. Cocktails. Plat 20-32$.

The Loeb Boathouse (G B2)
→ Central Park, East Drive / E 72nd St Tél. 212 517 2233

MACANUDO

MICHAEL KORS COLLECTION · DYLAN'S CANDY BAR

Avr.-début nov. : tlj. 12h (9h30 w.-e.)-21h30 ; début nov.-mars : tlj. 12h (9h30 w.-e.)-16h
Dans un cadre enchanteur, au beau milieu de Central Park, sa superbe véranda sur le lac invite à un repas bucolique et romantique. Cuisine de brasserie américaine traditionnelle : l'incontournable salade Caesar (avec croûtons et parmesan râpé), grillades et poissons. Bar sur la berge aux beaux jours. Plat 20-44$.

Daniel (G C3)
→ 60 E 65th St / Park Ave.
Tél. 212 288 0033
Lun.-sam. 17h30-23h
Le chef français Daniel Boulud compte parmi les toques les plus étoilées de New York. Dans un écrin Art déco, il propose des menus savants aux accords inattendus, tels les huîtres glacées dans une gelée d'algues douces, ou la grouse farcie au foie gras et à la truffe. Menu à partir de 125$.

SALONS DE THÉ, BARS

F. P. Pâtisserie (G B4)
→ 1 W 58th St
Tél. 212 759 1600
Lun.-sam. 10h-19h,
dim. 11h-15h
Paradis des palais sucrés, le salon de thé du célèbre pâtissier François Payard : gourmand chocolat chaud, divins macarons, tartes aux fruits, truffes...

The Gallery at the Carlyle (G C2)
→ 35 E 76th St / Madison Ave.
Tél. 212 744 1600
Tlj. 10h-0h
Restaurant Tlj. 7h-10h30 (dim. 8h-10h30), 12h-14h30, 18h-22h
Se prendre pour une star dans un cadre opulent tel un palais byzantin, c'est possible à l'hôtel Carlyle, l'un des palaces mythiques de la ville. Moyennant une addition un peu salée, on peut y grignoter pour le brunch, le thé ou même le dîner.

Club Macanudo (G C4)
→ 26 E 63rd St / Madison Ave.
Tél. 212 752 8200 Tlj. 12h-1h (2h mer.-sam. ; 22h dim.)
À l'heure de l'apéritif, le rhum et la cachaça coulent à flots dans cet ardent bar latino-américain. Une escale parfaite pour entamer la nuit new-yorkaise sur les chapeaux de roues ! Fumoir et grande sélection de cigares.

Lexington Bar & Books (G C2)
→ 1020 Lexington Ave. / E 73rd St Tél. 212 717 3902
Tlj. 17h-4h
James Bond n'aurait pas renié ce cigar bar idéal pour se délasser. Livres reliés en cuir alignés sur les murs en acajou, feu de cheminée et fameux cocktails à siroter dans des fauteuils club.

SHOPPING

Shopping sur Madison Ave. (G C1-4)
Toute la haute couture et les grandes marques américaines le long de Madison Avenue.

DKNY (G C4)
→ 655 Madison Ave. /
E 60th St Tél. 212 223 3569
Lun.-sam. 10h-20h,
dim. 11h-19h
La célèbre ligne de prêt-à-porter de la créatrice Donna Karan.

Barneys (G C4)
→ 660 Madison Ave. / E 61st St Tél. 212 826 8900
Lun.-sam. 10h-20h (19h sam.), dim. 11h-18h
Sur 7 étages, la vitrine des stylistes en vue. Immense rayon accessoires.

Michael Kors Collection (G C3)
→ 790 Madison Ave. /
E 67th St. Tél. 212 452 4685
Lun.-sam. 10h-18h (19h jeu.), dim. 12h-17h
Le vaisseau amiral du couturier new-yorkais.

Pat Areias (G C2)
→ 966 Madison Ave. / E 76th St Tél. 212 717 7200 Lun.-sam. 10h-18h, dim. 11h-17h
Cette artiste californienne réalise des bijoux et des boucles de ceinture en argent en s'inspirant du savoir-faire mexicain. À monter sur le cuir de son choix.

Lilly Pulitzer (G C1)
→ 1020 Madison Ave. /
E 79th St Tél. 212 744 4620
Lun.-sam. 10h-18h (20h jeu.), dim. 12h-17h
L'héritière Pulitzer a créé une ligne de vêtements qui brouille sans complexe les codes de la pop et du style BCBG pour un résultat d'un kitsch réjouissant.

Bloomingdale's (G D4)
→ 1000 3rd Ave.
Tél. 212 705 2000 Lun.-sam. 10h-20h30, dim. 11h-19h
Ce célèbre department store s'adresse à une clientèle résolument chic et classique. Grand choix de robes de soirée et superbe rayon ameublement.

Dylan's Candy Bar (G D4)
→ 1011 3rd Ave. / E 60th St
Tél. 646 735 0078
Lun.-sam. 10h-21h (23h ven.-sam.), dim. 11h-1h
Tout ce dont on peut rêver en matière de bonbons, dans une boutique créée par la fille de Ralph Lauren.

UPPER EAST SIDE

Map showing streets from East 68th St to East 83rd St, between Third Avenue and East End Avenue / FDR Drive along the East River. Notable features: Hospital Cornell Med. Center, Memorial Hospital, John Jay Park, Cherokee Place, Roosevelt Drive, Delano.

BETHESDA FOUNTAIN

ROOSEVELT ISLAND TRAMWAY

COLLECTION

METROPOLITAN MUSEUM OF ART

ures new-yorkaises
III° s.
mple Emanu-El
)
65th St / 5th Ave.
2 744 1400
eu. 10h-16h30
s grande
gogue réformée
onde (1929) rivalise
lle avec les
drales de la ville.
le de prière romano-
esque accueille les
res de la grande
eoisie juive locale.
dison Avenue
)
ction de Madison
e traversant l'Upper
ide aligne, outre les

boutiques de luxe et les
immeubles de standing,
les marchands d'art
prestigieux, dont la galerie
Gagosian, au n° 980.
★ **Asia Society (G** C3)
➔ 725 Park Ave. / E 70th St
Tél. 212 288 6400
Mar.-dim. 11h-18h (21h ven.)
La superbe collection
de John D. Rockefeller III,
passionné d'art asiatique,
en provenance du Japon,
de Chine, d'Inde ou
d'Afghanistan.
★ **Frick Collection
(G** B3)
➔ 1 E 70th St / 5th Ave.
Tél. 212 288 0700
Mar.-sam. 10h-18h,
dim. 11h-17h

Henry Clay Frick (1849-
1919), richissime
industriel de Pittsburgh,
a rassemblé durant près
de 40 ans une collection
d'œuvres d'art unique.
Son hôtel particulier
néoclassique dévoile
la sûreté de ses goûts :
émaux de Limoges,
bronzes Renaissance,
toiles de maîtres (Vermeer,
Fragonard, Bellini,
Holbein...), et du mobilier
royal français. Un "grand
petit musée".
★ **Metropolitan
Museum of Art (G** B1)
➔ 1000 5th Ave. / E 82nd St
Tél. 212 535 7710
Tlj. 10h-17h30 (21h ven.-sam.)

Créé en 1870 pour rivaliser
avec les plus grands
musées européens, le Met
compte 21 départements
et plus de 2 millions
d'objets et d'œuvres d'art
qui résument la culture
mondiale. Il rassemble
notamment une vaste
collection d'antiquités
égyptiennes, des tableaux
inestimables de tous les
grands maîtres de la
peinture et la plus riche
collection au monde
d'art américain. Le temple
de Dendur, offert par
Le Caire en 1965, a été
reconstruit de toutes
pièces à l'intérieur
du bâtiment !

MUSEUM OF THE CITY OF NEW YORK

MUSEO DEL BARRIO

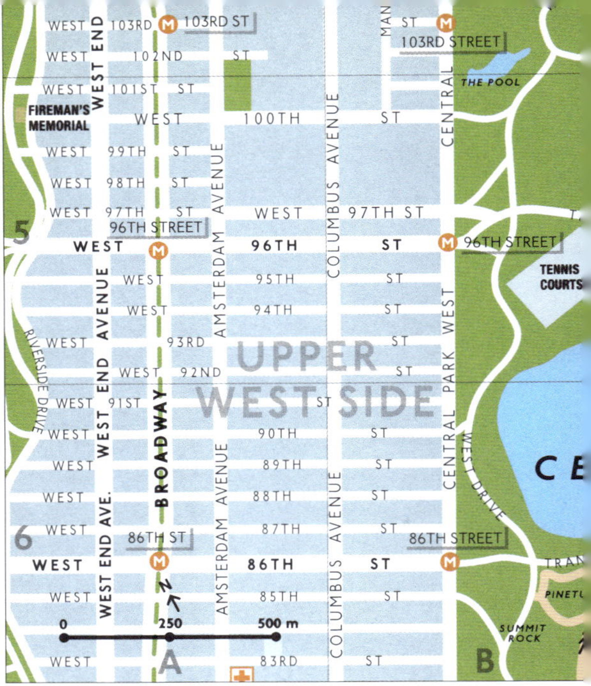

★ **Neue Galerie (H** C6)
→ *1048 5th Ave. / E 86th St*
Tél. 212 994 9493
Jeu.-lun. 11h-18h
Ce petit musée abrite la collection d'art allemand et autrichien (1890-1940) du géant des cosmétiques Ronald Lauder. Parmi les chefs-d'œuvre de l'avant-garde européenne : *Portrait d'Adele Bloch-Bauer* (Gustav Klimt, 1907).

★ **Guggenheim Museum (H** C6)
→ *1071 5th Ave. / E 89th St*
Tél. 212 423 3500 Ven.-mer. 10h-17h45 (19h45 sam.)
Le musée se visite tant pour son audacieux bâtiment (1959) que pour son fonds. L'architecte Frank Lloyd Wright imagina une galerie de 800 m grimpant en spirale jusqu'au tambour de la coupole centrale. Elle abrite le plus grand ensemble au monde de toiles de Kandinsky, la collection de l'Allemand Thannhauser (Degas, Monet, Renoir, Van Gogh, Léger, Picasso), des sculptures de Giacometti, Calder, Brancusi…

★ **Cooper-Hewitt National Design Museum (H** C6)
→ *2 E 91st St Tél. 212 849 8400*
Horaires à confirmer par tél. ou sur www.cooperhewitt.org
L'ancienne demeure néo-georgienne d'Andrew Carnegie abrite ce musée d'arts décoratifs et de design. De récentes rénovations lui ont fourni l'espace pour exposer toutes ses collections, dont des estampes de Matisse, Calder, Le Corbusier, Miró, et des dessins d'architecture.

★ **Museum of the City of New York (H** C4)
→ *1220 5th Ave. / 103rd St*
Tél. 212 534 1672 Tlj. 10h-18h
Dans un cadre néo-georgien (1930), un hommage au New York d'autrefois et à ses héros, célèbres ou anonymes : documents historiques, peintures, maquettes, photos, costumes, jouets et mobilier. Expositions temporaires.

★ **Museo del Barrio (H** C4)
→ *1230 5th Ave. / E 104th*
Tél. 212 831 7272
Mar.-sam. 11h-18h (21h n
Fondé en 1969 par des activistes de la commu portoricaine hispanoph d'East Harlem, "el Barr le musée propose films expositions et concerts consacrés à la culture d'Amérique latine. Café fort sympathique.

★ **Museum for Afric Art (MAA) (H** C4)
→ *1280 5th Ave. / E 110th*
Fermé pour travaux
Ce musée, inspiré par la riche histoire afro-américaine de Harlem,

Central Park / Harlem

NEUE GALERIE

GUGGENHEIM MUSEUM

COOPER-HEWITT NATIONAL

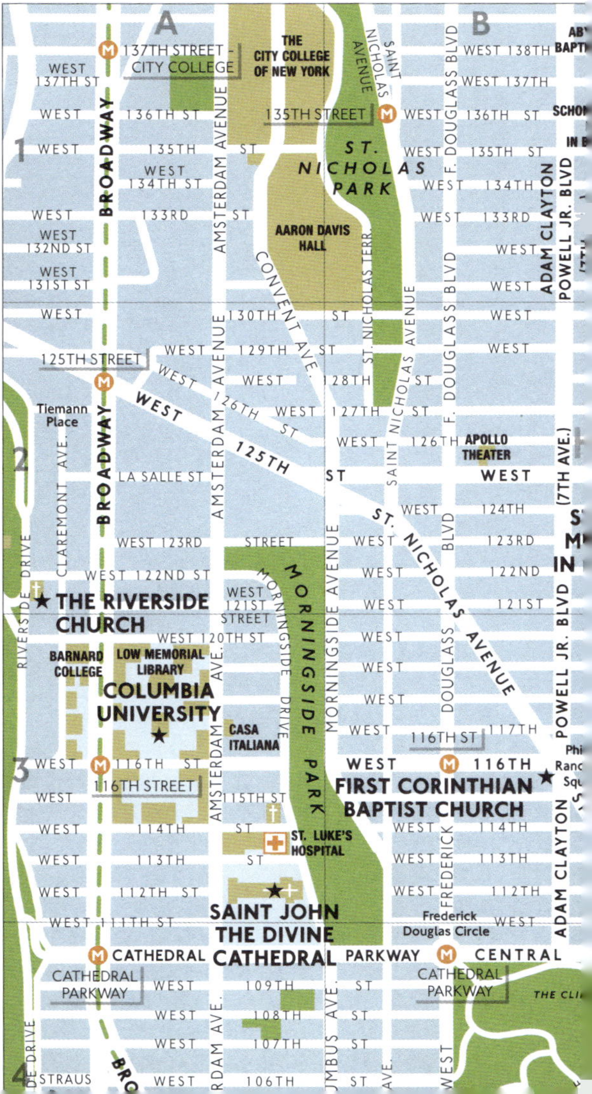

A

137TH STREET – CITY COLLEGE
WEST 137TH ST

THE CITY COLLEGE OF NEW YORK

WEST 136TH ST

135TH STREET

WEST 135TH ST

WEST 134TH ST

ST. NICHOLAS PARK

133RD

AARON DAVIS HALL

WEST 132ND ST

WEST 131ST ST

WEST

AMSTERDAM AVENUE

CONVENT AVE.

130TH ST

125TH STREET
WEST 129TH

Tiemann Place

WEST 125TH

WEST 128TH

WEST 127TH ST

BROADWAY

CLAREMONT AVE.

LA SALLE ST

WEST 126TH ST

WEST 123RD STREET

WEST 122ND ST

AMSTERDAM AVE.

★ THE RIVERSIDE CHURCH

RIVERSIDE DRIVE

WEST 121ST STREET

WEST 120TH ST

BARNARD COLLEGE

LOW MEMORIAL LIBRARY

MORNINGSIDE DRIVE

COLUMBIA UNIVERSITY

CASA ITALIANA

MORNINGSIDE PARK

116TH STREET
WEST 116TH ST

WEST 115TH ST

WEST 114TH ST

St. LUKE'S HOSPITAL

WEST 113TH ST

WEST 112TH ST

WEST 111TH ST

SAINT JOHN THE DIVINE CATHEDRAL

CATHEDRAL PARKWAY

WEST 109TH ST

WEST 108TH ST

WEST 107TH ST

STRAUS

BROADWAY

WEST 106TH ST

AMSTERDAM AVE.

B

WEST 138TH ST

WEST 137TH ST

SAINT NICHOLAS AVENUE

F. DOUGLASS BLVD

AB... BAPTI...

SCHO... IN B...

WEST 136TH ST

WEST 135TH ST

WEST 134TH ST

WEST 133RD

WEST

WEST

ST. NICHOLAS TERR.

ST. NICHOLAS AVENUE

ADAM CLAYTON POWELL JR. BLVD

WEST

WEST

WEST

APOLLO THEATER

WEST 126TH

WEST

ST. NICHOLAS BLVD

WEST 124TH

WEST 123RD

WEST 122ND

WEST 121ST

(7TH AVE.)

F. DOUGLASS BLVD

POWELL JR. BLVD

S... M... IN...

WEST 116TH ST

117TH

WEST 116TH

FIRST CORINTHIAN BAPTIST CHURCH ★

DOUGLASS AVENUE

WEST 114TH

WEST 113TH

WEST 112TH

Frederick Douglass Circle

CENTRAL

CATHEDRAL PARKWAY

ADAM CLAYTON

FREDERICK

Phi... Ranc... Squ...

THE CLI...

Central Park / Harlem

À l'est de Central Park, en remontant vers le nord, Museum Mile continue d'égrener les musées : Neue Galerie, Guggenheim, Barrio... Rien de tel à l'ouest de Central Park, où le quartier perd vite son aspect résidentiel. Quelques minutes de taxi suffisent pour rejoindre Morningside Heights, qui héberge l'université Columbia et la cathédrale Saint John the Divine. Au-delà, c'est Harlem, le fief historique de la communauté noire new-yorkaise, des gospels, du jazz, et de la vraie cuisine du Sud.

MAX SOHA

RED ROOSTER

RESTAURANTS

Papaya King (H D6)
→ *179 E 86th St / 3rd Ave. Tél. 212 369 0648
Lun.-sam. 8h-oh (2h ven.-sam.), dim. 9h-oh*
La première boutique de cette improbable chaîne aux couleurs ensoleillées qui vend avec autant de succès jus de fruits exotiques et... hot dogs ! Les deux figurent parmi les tout meilleurs de la ville, qui plus est à prix ultra-compétitif. Hot dog 2-3,50$.

Amy Ruth's (H B3)
→ *113 W 116th St / Malcolm X Bvd Tél. 212 280 8779
Lun. 11h30-23h, mar.-jeu. 8h30-23h, ven. 8h30 puis non-stop jusqu'au dim. matin 5h30, dim. 7h30-23h*
Pour suivre la tradition du Sud profond après la messe gospel. Soupes complètes, poulet ou travers frits, gaufres garnies, pain perdu (*french toast*), en portions gargantuesques. Joyeux et bruyant ! Plat 10-20$.

Max SoHa (H A2)
→ *1274 Amsterdam Ave. / W 123rd St Tél. 212 531 2221
Tlj. 12h-oh*
Petite trattoria fréquentée par les étudiants de Columbia University. Plats familiaux simples et excellents. Décor rustique. Terrasse en été. Plat 11-16$.

Community Food & Juice (H A3)
→ *2893 Broadway / W 112th St Tél. 212 665 2800
Lun.-ven. 8h-21h30 (22h ven.), w.-e. 9h-22h (21h30 dim.)*
Que des produits bio, préparés sans chichis. C'est bon, agréable à regarder et l'ambiance est fort sympathique ! Clientèle de l'université voisine. Plat 12-29$.

Peri Ela (H D6)
→ *1361 Lexington Ave. / E 90th St Tél. 212 410 4300
Tlj. 12h-23h*
Boiseries sombres, bar convivial et portraits au mur servent d'écrin à une authentique cuisine turque. Formule lunch 20$, plat 17-26$.

Red Rooster (H C2)
→ *310 Lenox Ave. / W 126th St Tél. 212 792 9001
Lun.-ven. 11h30-15h, 17h30-22h30 (23h30 ven.) ; w.-e. 10h-16h, 17h-23h30 (22h dim.)*
Tenu par un Éthiopien élevé en Suède, voici un restaurant sous le signe de la diversité, qui revisite la traditionnelle *soul food* noire américaine à la scandinave. Atmosphère aussi cosmopolite et attrayante que la carte : gâteaux de crabe, riz à la noix de coco et petits pois, crevettes frites et bananes plantain. Plat 17-37$.

ARIAN PASTRY SHOP — **APOLLO THEATER** — **BLUE TREE**

CAFÉ, PÂTISSERIE

Hungarian Pastry Shop (H A3)
→ *1030 Amsterdam Ave. / W 111th St* Tél. 212 866 4230
Lun.-ven. 7h30-23h30, w.-e. 8h30-23h30 (22h30 dim.)
Le rendez-vous des étudiants du quartier, dans une ambiance de café très Vieille Europe. Chocolat chaud, café viennois, pâtisseries.

Absolute Bagels (H A4)
→ *2788 Broadway / W 107th St* Tél. 212 932 2052 Tlj. 6h-21h
Impossible de quitter New York sans goûter à un bagel tout juste sorti du four. Ceux-ci sont réputés les meilleurs, nature ou parfumés, sucrés ou salés, garnis ou non, pour un grignotage à toute heure. Bagel 1-3,50$.

CONCERTS, CLUBS

Smoke Jazz and Supper Club (H A4)
→ *2751 Broadway / W 105th St* Tél. 212 864 6662
Tlj. 17h30 (11h30 dim.)-3h *Concerts* Dim.-jeu. 19h, 21h et 22h30 *Jazz brunch* Dim. 11h30-15h www.smokejazz.com
Un club qui renaît de ses cendres. Les grands noms du jazz s'y produisent régulièrement dans une salle intime, chaleureuse et sans fioritures. *Jazz brunch* le week-end, formules dîner-concert tous les soirs. Le lundi, scène ouverte et pas de *cover charge*.

Cotton Club (H A2)
→ *656 W 125th St* Tél. 888 640 7980
Lun., jeu.-ven. 20h (21h ven.)-oh ; w.-e. 12h-oh (16h dim.)
Rien à voir avec le club mythique de l'époque de la Prohibition, qui accueillit Duke Ellington, Cab Calloway ou Louis Armstrong. Ce Cotton Club nouvelle mouture fait toutefois le bonheur des amateurs de jazz de passage. Les brunchs du week-end y sont très animés ! Horaires variables selon le spectacle.

Apollo Theater (H B2)
→ *253 W 125th St* Tél. 212 531 5300
www.apollotheater.org
Réservé au public blanc ("Whites only" écrit sur le fronton) à son ouverture en 1913, l'Apollo devient en 1934 la première salle de jazz ouverte aux Noirs. Très vite, Bessie Smith, Billie Holiday ou Ella Fitzgerald y chantent, élevant le lieu au rang de temple du jazz new-yorkais. Plusieurs concerts par semaine. Le mercredi, l'*Amateur night* permet à de nouveaux talents d'éclore, comme Michael Jackson à ses débuts.

Showman's (H B2)
→ *375 W 125th St / Morningside Ave.*
Tél. 212 864 8941 Lun.-sam. 13h-4h *Concerts* Mer.-jeu. 20h30, 22h, 23h30 ; ven.-sam. 21h30, 23h30, 1h30
Fondé en 1942, un petit bar accueillant et sans prétention, où écouter du bon jazz et discuter avec les mémoires du quartier. Pas de *cover charge*.

SHOPPING

Blue Tree (H C6)
→ *1283 Madison Ave. / E 91st St* Tél. 212 369 2583
Tlj. 10h (11h w.-e.)-18h
Il y a un peu de tout dans cette boutique charmante : jouets, bijoux et accessoires de princesse, vêtements de petits créateurs, curieux objets pour la déco (pieds de lampe étonnants, coussins pleins de poésie, etc.). Idéal pour trouver un cadeau !

Carol's Daughter (H C2)
→ *24 W 125th St / 5th Ave.* Tél. 212 828 6757 Lun.-sam. 10h-20h, dim. 11h-18h
Une ligne de cosmétiques *made in Harlem* plébiscitée par Jay-Z et Mary J. Blige. Particulièrement efficaces pour les cheveux et pour le corps. Produits aux noms irrésistibles tels que Almond Cookie ou Ecstasy !

Jimmy Jazz (H B2)
→ *132 W 125th St* Tél. 212 665 4198
Lun.-sam. 9h30-19h30 (20 ven.-sam.), dim. 11h-18h30
Tous les classiques du *streetwear* à la mode de Harlem, avec une grande variété de jeans de grandes marques, blousons et tee-shirts sérigraphiés à prix vraiment serrés. Autre adresse : 239 W 125th St.

Malcolm Shabazz Harlem Market (H C3)
→ *52 W 116th St / 5th Ave. / Lenox Ave.*
Tlj. 10h-20h
Un étonnant bric-à-brac d'artisanat africain : masques, bibelots, vêtements traditionnels, bijoux, poupées, etc.

Target (hors plan H D3)
→ *517 E 117th St / East River* Tél. 212 835 0860
Tlj. 8h-23h (22h dim.)
Immense supermarché pour faire ses courses à l'américaine. Des idées de cadeaux pas chers pour la maison, des bonbons et biscuits, des tee-shirts, des jeans et des microcollections de mode créées en collaboration avec des designers américains.

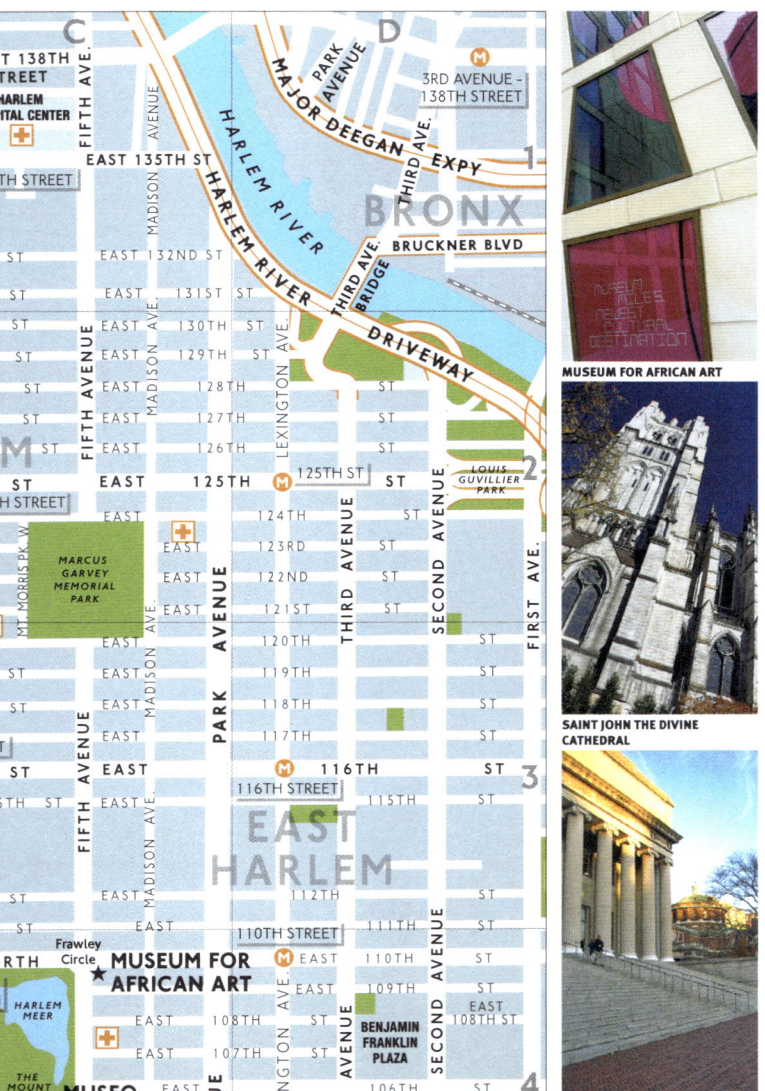

MUSEUM FOR AFRICAN ART

SAINT JOHN THE DIVINE CATHEDRAL

THE RIVERSIDE CHURCH

STUDIO MUSEUM IN HARLEM

t faire son entrée sur um Mile, après avoir son site de Queens. llections et ses itions jettent une re passionnante éritage africain.

nt John the Divine edral (H A3)
→ 7 Amsterdam Ave. / h St Tél. 212 316 7490
30-18h
nstruction de cette esque cathédrale othique, entamée dès ne devrait s'achever ans une cinquantaine ées. Les sculptures rtail ne datent que 97 ! La nef centrale, longueur de 183 m, est bordée de chapelles décorées par des artistes contemporains.

★ **Columbia University (H** A3)
→ 2960 Broadway
Tél. 212 854 4900
Visitor Center Lun.-ven. 9h-17h
Visites guidées Lun.-ven. 13h
Depuis 1897, la prestigieuse université new-yorkaise occupe 60 bâtiments ordonnés autour du Central Quadrangle. Cette esplanade arborée est dominée par le dôme surbaissé de la Low Memorial Library, ancienne bibliothèque aujourd'hui réservée aux cérémonies officielles.

★ **The Riverside Church (H** A2)
→ 490 Riverside Drive
Tél. 212 870 6700
Tlj. 7h-22h
Fondée en 1922 à l'initiative de John D. Rockefeller, la Riverside Church arbore un style néogothique, largement inspiré de la cathédrale de Chartres. Son gigantesque carillon, composé de 74 cloches, peut couvrir une gamme de 5 octaves !

★ **First Corinthian Baptist Church (H** B3)
→ 1912 Adam Clayton Powell Jr. Blvd Tél. 212 864 5976
Messe Dim. 8h, 10h45
Église baptiste, installée dans un ancien théâtre (1913) aux allures de palais kitsch ! Le dimanche, on assiste au culte avec gospel. Tout près : la Canaan Baptist Church (132 W 116th St).

★ **Studio Museum in Harlem (H** B2)
→ 144 W 125th St / 7th Ave.
Tél. 212 864 4500
Jeu.-ven., dim. 12h-21h
(18h dim.) ; sam. 10h-18h
Un petit musée consacré à l'art afro-américain. Vaste collection de peintures, sculptures et photos, dont les travaux de James Van der Zee, représentant de la Renaissance de Harlem, ce mouvement artistique noir des années 1920-1930.

BROOKLYN HEIGHTS PROMENADE

BROOKLYN HISTORICAL SOCIETY

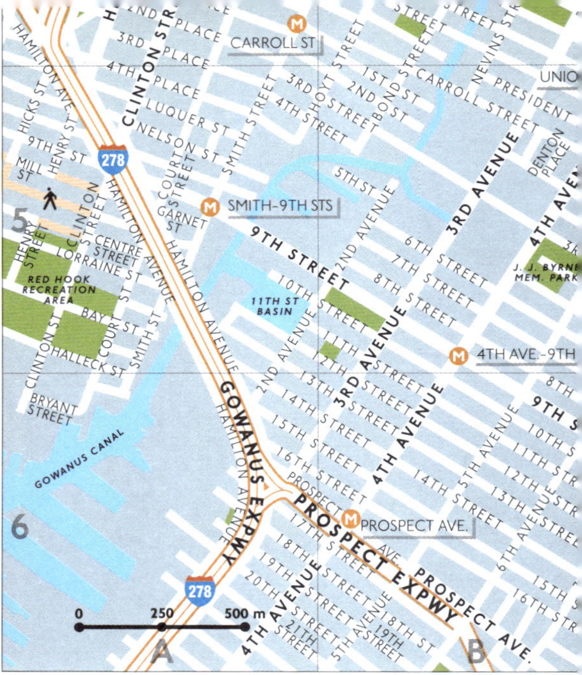

★ **Brooklyn Bridge (I** A1)
On cria à la pure folie lorsque les plans furent présentés en 1857 et il fallut attendre 1883 pour que le pont suspendu le plus long du monde fût érigé. Agréable promenade au crépuscule sur la voie piétonne, pour un point de vue sur l'East River, Downtown et Brooklyn.

★ **Brooklyn Bridge Park (I** A-B2)
→ *334 Furman St / 1 Main St Tlj. 6h-1h*
Oasis urbaine située aux pieds des deux ponts de Brooklyn et de Manhattan, deux parcs au bord de l'eau, avec vue sur la *skyline*. Aires de jeux, oiseaux migrateurs ou non (essences d'arbres choisies à leur intention !) et anciens entrepôts de tabac.

★ **Manhattan Bridge (I** B1)
Ce pont suspendu (1909) fut la star du film de Sergio Leone *Il était une fois en Amérique* ! Avis aux piétons et aux cyclistes : il relie DUMBO à Chinatown. À voir, côté Manhattan, l'arc de triomphe flanqué d'une colonnade.

★ **Brooklyn Heights Promenade (I** A2)
→ *Entre Orange St et Grace Ct*
Le plus beau point de vue sur les gratte-ciel de Lower Manhattan et le Brooklyn Bridge ! Aménagée en 1950 au-dessus de la voie express qui longe l'East River, cette promenade piétonne court sur 500 m. Un concentré de la population new-yorkaise : on y croise joggeurs, retraités lisant le journal sur un banc, artistes en mal d'inspiration, émules de *Sex & the City* racontant leurs aventures, amoureux venus admirer le coucher du soleil...

★ **Brooklyn Historical Society (I** B3)
→ *128 Pierrepont St / Clinton St Tél. 718 222 4111 Mer.-dim. 12h-17h*
Situé dans un monum[ent] historique de 1881 de[ssiné] par George Post (dont [le] 4ᵉ étage est suspendu sur le modèle du Broo[klyn] Bridge), le musée documente les 400 an[s] d'histoire du quartier [de] Brooklyn. Très belle fa[çade] ornée de terre cuite néo-Renaissance.

★ **New York Transit Museum (I** B3)
→ *Boerum Pl. / Scherme[rhorn] St Tél. 718 694 1600 Mar[.-ven.] 10h-16h, w.-e. 11h-17h*
De l'extérieur, rien ne différencie l'entrée du musée des Transports new-yorkais d'une bar[ation]

▶ Plan A

Brooklyn Heights / DUMBO / BoCoCa / Park Slope

BROOKLYN BRIDGE PARK

BROOKLYN BRIDGE

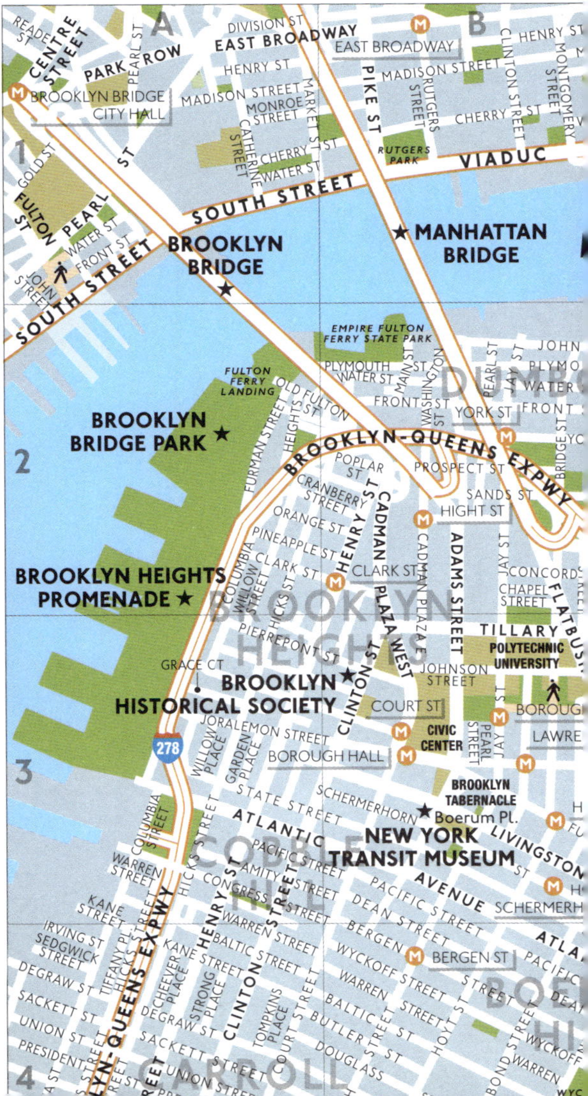

Brooklyn Heights / DUMBO / BoCoCa / Park Slope

De l'autre côté de l'East River, Brooklyn dévoile un autre visage de New York. Au pied du Brooklyn Bridge, Brooklyn Heights, avec ses rues aux noms de fruits ponctuées de *brownstones*, dégage un charme provincial. Au nord, DUMBO (Down Under the Manhattan Bridge Overpass) voit se multiplier galeries et communautés d'artistes dans d'anciennes usines. Plus à l'est, on s'attable aux cafés de BoCoCa (Boerum Hill, Cobble Hill et Carroll Gardens) et de Park Slope, avant d'aller faire un tour à Prospect Park.

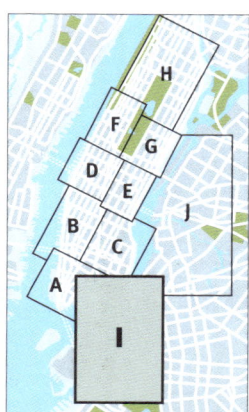

FRANNY'S

RIVER CAFÉ

RESTAURANTS

Prime Meats (I A5)
→ *465 Court St / Luquer St
Tél. 718 254 0327
Lun.-ven. 11h-0h (1h jeu.-ven.),
w.-e. 8h-1h (0h dim.)*
Ambiance années 1930 dans ce joli restaurant, où l'on sert l'essentiel de la cuisine des Alpes allemandes (*bratwurst*, *schnitzel*, *spätzle*), mâtinée de touches américaines modernes. Surtout des produits frais et une impressionnante carte de cocktails, bières et vins. Plat 9-30$.

reBar (I B2)
→ *147 Front St / Jay St
Tél. 718 797 2322 Lun.-ven.
11h-23h Bar jusqu'à 2h*
Emblématique de la récupération industrielle de DUMBO, ce bar animé, salle d'expo à l'occasion, propose snacks et plats à arroser de l'une de ses nombreuses bières artisanales. Menu dîner 39$, plat 12-38$.

Franny's (I C4)
→ *348 Flatbush Ave.
Tél. 718 230 0221
Lun.-ven. 12h-14h30,
17h30-23h (23h30 ven.) ;
w.-e. 12h-23h30 (23h dim.)*
Cuisine italienne fraîche et d'excellente qualité. Pâtes artisanales et pizzas parfaites dans une chaleureuse salle aux murs en brique. Pâtes 16-18$, pizza 15-19$.

Vinegar Hill House (I C2)
→ *72 Hudson Ave. / Water St
Tél. 718 522 1018 Lun.-ven.
18h-23h (23h30 ven.) ; sam.
10h30-15h30, 18h-23h30 ;
dim. 10h30-15h30, 17h30-23h*
Joli décor rustique et patiné réchauffé par le grand four à bois, et des recettes classiques avec un clin d'œil cosmopolite pour une clientèle locale et fidèle. Plat 16-30$.

applewood (I B6)
→ *501 11th St / 7th Ave.
Tél. 718 788 1810
Mar.-ven. 17h-23h ; sam. 10h-14h, 17h-23h ; dim. 10h-15h*
Un refuge de la *slow food* qui se fournit exclusivement chez les producteurs de l'État de New York, en viande fermière, poisson sauvage et légumes bios. Coquilles saint-jacques à la pistache, veau grillé aux carottes et rutabagas, servis au coin du feu. Menu dégustation 50$, plat 25$.

River Café (I A2)
→ *1 Water St / Brooklyn Bridge
Tél. 718 522 5200 Tlj. 12h
(11h dim.)-15h, 17h30-23h*
Sous le pont de Brooklyn, tout le chic de la côte Est, avec vue imprenable sur la *skyline* de Manhattan.

IRL COOKIES   **CLOVER CLUB**   
STERLING PLACE

Mets raffinés, serveurs en livrée, et piano tous les soirs. Très prisé pour le brunch du dimanche. Réserver. Tenue correcte exigée le soir. Menu brunch 55$, menu soir 100$, menu dégustation 135$.

SALON DE THÉ, GLACIER

One Girl Cookies (I B4**)**
→ *68 Dean St / Smith St*
Tél. 212 675 4996
Lun.-ven. 8h-19h (20h ven.),
sam. 9h-20h, dim. 10h-19h
À découvrir, entre le cupcake et le cookie, la *whoopie pie* est la dernière folie new-yorkaise, crème onctueuse dans un sandwich de biscuit moelleux !

Brooklyn Ice Cream Factory (I A2**)**
→ *1 Water St / Fulton Ferry Landing Tél. 718 246 3963*
Tlj. 12h-22h
Au bord du chenal, dans une caserne années 1920 : glaces artisanales aux parfums naturels (*butter pecan*, *peaches and cream*...), nappées de chocolat 72 %.

BARS, CONCERTS, SPECTACLES

Clover Club (I B4**)**
→ *210 Smith St / Baltic St*
Tél. 718 855 7939
Mar.-jeu. 16h-2h, ven.-4h,
w.-e. 10h30-4h (1h dim.)
Une atmosphère de *speakeasy* (bar clandestin pendant la prohibition) et des cocktails excellents. Barman en veston, lustres à pampilles, tapis damassés, cheminée qui crépite, mais le tout reste bon enfant !

Barbès (I B6**)**
→ *376 9th St / 6th Ave.*
Tél. 347 422 0248
Lun.-jeu. 17h-2h,
ven.-dim. 14h-4h (2h dim.)
www.barbesbrooklyn.com
À la fois bar et petite salle de concert, un lieu riche et vibrant, dont la programmation éclectique va du rock balkanique au jazz underground.

Bargemusic (I A2**)**
→ *1 Water St / Fulton Ferry Landing Tél. 800 838 3006*
Concerts Jeu.-dim. 19h (16h dim.) www.bargemusic.org
Plus de 200 concerts par an sur cette péniche amarrée au pied du Brooklyn Bridge !
Au programme : jazz et musique de chambre.

Galapagos Art Space (I B2**)**
→ *16 Main St Tél. 718 222 8500*
www.galapagosartspace.com
Concerts, soirées, performances, lectures et projections de films...
Direction artistique ambitieuse pour ce centre culturel.

Brooklyn Academy of Music (BAM) (I C4**)**
→ *30 Lafayette Ave.*
Tél. 718 636 4100
www.bam.org
Siège du Metropolitan Opera jusqu'en 1921, le plus vieux théâtre des États-Unis continue de nourrir les esprits avec ses ballets de Pina Bausch ou de Bill T. Jones, sa cinémathèque et ses concerts éclectiques (Maceo Parker, Jimmy Cliff, Amadou & Mariam, etc.).

SHOPPING

Bird (I B5**)**
→ *316 5th Ave. / W 32nd St*
Tél. 718 768 4940 Lun.-sam. 11h-19h, dim. 12h-18h
Les fashionistas du quartier s'arrachent ici les dernières collections des créateurs en vogue, tels Alexander Wang, Philip Lim, Rachel Comey ou Isabel Marant.

L.A.N.D. (I B2**)**
→ *67 Front St*
Tél. 917 670 9322
Lun.-ven. 8h30-15h
Un espace associatif original où travaillent ensemble des artistes de différentes disciplines souffrant de handicaps, tel l'autisme. Les œuvres sont présentées à la vente et l'échange avec leurs auteurs est encouragé.

111 Front Street (I B2**)**
→ *111 Front St*
Tél. 718 694 0831
Mer.-dim. 12h-18h (17h dim.)
Ce complexe de DUMBO concentre à lui tout seul 14 galeries d'art contemporain.

Eva Gentry (I B4**)**
→ *371 Atlantic Ave. / Bond St*
Tél. 718 522 3522
Tlj. 11h-19h (18h dim.)
Belle boutique dépôt-vente et vintage de mode femme, quelques objets de déco. Rick Owens, Dries Van Noten, Helmut Lang...

Collier West (I B4**)**
→ *377 Atlantic Ave. / Bond St*
Tél. 718 254 9378
Mer.-dim. 12h-18h (17h dim.)
Home, chic home est la devise de cette élégante réserve d'objets décoratifs pleins de fantaisie, de bijoux de créateurs et de jolies cartes.

Sterling Place (I B4**)**
→ *363 Atlantic Ave. / Bond St*
Tél. 718 797 5667
Lun.-sam. 11h-18h30 (19h sam.), dim. 12h-18h
Lecteur d'iPod en forme de gramophone, plaids en cachemire bayadère...
Bonnes idées de cadeaux, dans un style rétro.

Williamsburg / Queens

Fuyant la flambée immobilière, la bohème a migré vers le nord de Brooklyn, à Williamsburg, foyer de la communauté juive orthodoxe. Ici vibre Bedford Ave., avec ses bars et ses boutiques vintage. Plus au nord, Queens n'est qu'à 15 min de Grand Central Terminal. Un passage obligé pour infiltrer le NY underground : Long Island City (LIC) collectionne musées d'avant-garde et ateliers d'artistes. À quelques stations de là : Astoria, territoire multiculturel où les communautés grecque et brésilienne ont élu domicile.

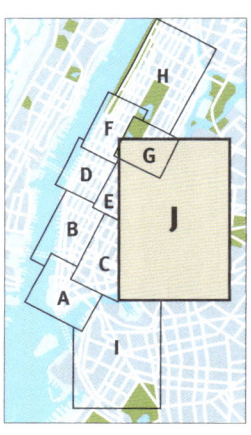

ROEBLING TEA ROOM

MISS FAVELA

RESTAURANTS

Egg (J B6)
→ *135 N 5th St / Bedford Ave.*
Tél. 718 302 5151
Tlj. 7h (8h w.-e.)-18h
Petite salle dépouillée et carte toute simple, pour des sandwichs américains étonnants, à la viande de porc fumé, au poulet frit ou… aux beignets d'huîtres. Produits bio, salades appétissantes et petits déjeuners bien riches ! Sandwich 9-14$.

La Esquina Diner (J B6)
→ *225 Wythe Ave.*
Tél. 718 393 5500
Mar.-dim. 12h-23h (22h mar. ; oh ven.-sam. ; 22h dim.)
Inspirée par le succès de sa grande sœur de NoLIta, cette cantine mexicaine mise sur deux tableaux : un *diner* coloré au style très *fifties* et une *taquería* de plats à emporter ou à consommer sur l'agréable terrasse. Ambiance bobo cool. Snack (à emporter) 4-13$, plat 10-32$.

Bamonte's (J B6)
→ *32 Withers St*
Tél. 718 384 8831 Lun., mer.-sam. 12h-23h ; dim. 13h-21h45
Parmi la pléthore de nouveaux restaurants à Brooklyn, voici un must, plus que centenaire. On y afflue pour voir les serveurs en smoking, mais surtout pour goûter les divins *antipasti*, les pâtes maison, et une spécialité des Italiens new-yorkais : les *clams casino* (au bacon, persil et citron). Plat 6-25$.

Roebling Tea Room (J B6)
→ *143 Roebling St / Metropolitan Ave.*
Tél. 718 963 0760
Tlj. 10h-16h30, 18h-23h30
Mélange de déco délicieusement vieillotte (papier peint à fleurs, carreaux vert d'eau) et de volumes très "loft" (larges fenêtres, tuyaux), pour une cuisine métissée : *mac 'n' cheese* à la sauce piquante, cheeseburger, steak tartare… Plat 12-24$.

Manducatis (J C3)
→ *13-27 Jackson Ave. / 47th Ave. Tél. 718 729 4602 Lun.-ven. 12h-15h, 17h-22h ; sam. 17h-23h ; dim. 14h30-20h*
À deux pas du MoMA PS1, une table italienne sérieuse : antipasti de légumes ou de fruits de mer, pâtes de toutes sortes, viandes et fromages de la Péninsule. Belle carte de vins. Plat 16-27$.

Miss Favela (J A6)
→ *57 S 5th St / Wythe Ave.*
Tél. 718 230 4040
Tlj. 12h-oh (1h ven.-sam.)
Une véritable enclave brésilienne en plein Williamsburg ! Mobilier de

KNITTING FACTORY

WILLIAMSBURG FLEA MARKET

récup' aux couleurs vives, cocktails à base de *cachaça*, et spécialités de là-bas comme la *feijoada* (ragoût de haricots, bœuf et porc) et la *moqueca* (ragoût de poisson). Le soir, on pousse les tables pour danser au son de la samba ! Formule lunch en sem. 10,50$; plat 16-29$.
Marlow & Sons (J A6)
→ *81 Broadway / Berry St*
Tél. 718 384 1441 Tlj. 8h-0h
Un restaurant cosy pour des assiettes à la fois locales et méditerranéennes : huîtres, *crostini*, tortilla en entrée, puis des plats de charcuterie italienne, de poisson, de poulet... Aussi un *diner* à côté. Plat 21-34$.

CAFÉS, BARS, CLUBS

Sage (J C3)
→ *24-20 Jackson Ave.*
Tél. 718 361 0707
Lun.-ven. 7h30-21h,
w.-e. 10h-21h (16h dim.)
Une adresse très *green* où manger à toute heure : salades, soupes et cupcakes sont préparés sur place, à base de produits bio et artisanaux.
Juliette (J B5)
→ *135 N 5th St / Bedford Ave.*
Tél. 718 388 9222
Tlj. 10h30-23h (oh ven.-sam.)

De la rue, on aperçoit ce toit-terrasse un peu fouillis, où se cultive la douceur de vivre, dans un esprit de bistrot parisien, entre bar et resto de quartier. Très populaire pour le brunch. Plat 12-27$.
Brooklyn Bowl (J B5)
→ *61 Wythe Ave. / N 11th St*
Tél. 718 963 3369
Lun.-ven. 18h-2h (4h ven.),
w.-e. 12h-4h (2h dim.)
Trois en un pour ce lieu un peu décalé : des pistes de bowling dans la grande tradition, des concerts à côté des joueurs et une restauration de bar typiquement américaine, *chicken wings*, poulet frit, burgers ou pizza !
Spuyten Duyvil (J B6)
→ *359 Metropolitan Ave.*
Tél. 718 963 4140
Tlj. 17h (13h w.-e.)-2h
Un bar cosy au style rétro (boiseries, vieilles affiches, ventilo...) spécialisé dans les bières belges rares : Blaugies La Moneuse, Loterbol... Grand jardin à l'arrière.
Pete's Candy Store (J B5)
→ *709 Lorimer St / Richardson St Tél. 718 302 3770 Sam.-jeu.*
17h (4h jeu., sam.),
ven. 16h-4h, dim. 15h30-2h
Dans un ancien magasin de bonbons et son patio : concerts tous les soirs et

dans tous les styles, *stand-up comedy*, lectures... Une institution du quartier, où l'on peut aussi grignoter un snack.
Knitting Factory (J B6)
→ *361 Metropolitan Ave. / Havemeyer St*
Tél. 347 529 6696
Tlj. 17h (12h w.-e.)-3h30
À l'avant-garde de la scène musicale new-yorkaise, un bar post-rock branché et une salle de concert à la programmation audacieuse et visionnaire. Les tarifs restent très démocratiques !

SHOPPING, GALERIES D'ART

Williamsburg Flea Market (J B5)
→ *N 7th St / East River Waterfront*
Avr.-nov. : dim. 10h-17h
L'un des plus réjouissants marchés aux puces de Brooklyn. Sur les berges de l'East River, fripes, bibelots, stands gourmands et joyeux bric-à-brac. Pour de vraies trouvailles ! L'hiver, le marché se réfugie sous un toit, à deux pas, au 80 N 5th St. (*déc.-mars : w.-e. 10h-19h*).
Beacon's Closet (J B5)
→ *74 Guernsey St*
Tél. 718 486 0816
Tlj. 11h-21h (20h w.-e.)
Les fashionistas raffolent de

cette friperie installée dans un immense entrepôt. Rangés par couleurs, vêtements vintage 70s et 80s, et pièces de créateurs bradées quelques dizaines de dollars.
Catbird (J B6)
→ *219 Bedford Ave. / N 5th St*
Tél. 718 599 3457
Tlj. 12h-20h (18h dim.)
Bijoux, accessoires ou bibelots romantiques et raffinés par des designers locaux.
Task (J B6)
→ *100 N 3rd St / Berry St*
Tél. 718 963 2600
Mar.-dim. 12h-20h
Le "chic global" est le concept qui sous-tend cette jolie boutique, entre objets pour la maison, bijoux ethniques, créations durables, pour habiller la vie dans tous ses états.
Spoonbill & Sugartown (J B6)
→ *218 Bedford Ave. / 5th St*
Tél. 718 387 7322 Tlj. 10h-22h
Librairie spécialisée dans les livres et magazines d'art, de design et d'architecture. Des titres rares et une belle atmosphère musicale.
Earwax Records (J B5)
→ *167 N 9th St / Bedford Ave.*
Tél. 718 486 3771 Tlj. 11h-21h
CD et vinyles neufs ou d'occasion, surtout du rock indé. Bons conseils !

Vivre à l'heure de New York !

10 bonnes idées pour découvrir New York autrement !

Photographier Manhattan
Se prendre pour André Kertész et balader son objectif dans les rues de New York, c'est ouvrir l'œil, guetter l'anecdote, le détail architectural, le graphisme d'une tour. Pour les vues d'ensemble, il faut emprunter le Williamsburg Bridge (**J** A6) ou passer le Brooklyn Bridge et se poser dans Brooklyn Bridge Park (**J** A2).

Voir une comédie musicale à Broadway (D D1)
Les comédies musicales ont fait le renom de la scène new-yorkaise, de *West Side Story* au *Phantom of the Opera* : elles content leur histoire en musique. Les salles les plus réputées s'alignent le long de Broadway et autour de Times Square, où les affiches bariolées sont un spectacle à part entière.
→ *Billets à tarif réduit au kiosque TKTS Broadway* (**D** E2)

Grignoter gourmand à Chelsea Market (B B2)
Manger sur le pouce dans une ancienne biscuiterie superbement restaurée, c'est possible dans ce marché original, où les cupcakes de toutes les couleurs le disputent aux sandwichs au homard ! Et si l'on peut y manger américain, rien n'empêche d'essayer un délicieux curry thaï, des petits légumes grillés à l'italienne ou des noix et chocolats divers.
→ *Éviter la cohue du week-end ou venir tôt*

S'habiller discount
Fashion victims et accros aux marques, voici Century 21 (**A** C3), l'endroit où exercer sa passion de la chine ! Fouiller au milieu des rayons, essayer 20 000 paires de chaussures et, au bout du compte, repartir vêtu de pied en cap en Ralph Lauren, Marc Jacobs Calvin Klein, à des prix sabrés de 40 à 70 % !
→ *Arriver dès 8h pour éviter la foule*

Découvrir un haut lieu du Street Art
Le Street Art new-yorkais ne s'est pas contenté d'enfanter Jean-Michel Basquiat, il ne cesse de fleurir et de se renouveler, sur les palissades, les murs abandonnés ou prêtés, dans les ruelles et recoins des quartiers populaires. Pour le découvrir, il faut se perdre dans East Village (**C**), Harlem (**H**) ou Williamsburg (**J**), à l'affût des fresques, graffitis, pochoirs et collages.
→ *Ne pas manquer les rues moins fréquentées*

TIMES SQUARE

COOKSHOP

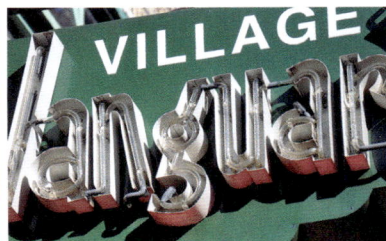
THE VILLAGE VANGUARD

Transports et hôtels à New York

Manger asiatique
Les communautés asiatiques de New York comptent parmi les plus gourmandes. Au cœur de Chinatown, l'air embaume le canard laqué, et les échoppes ou restaurants sont infiniment variés : chinois, malais, indiens, cambodgiens, etc.
→ *The New Malaysia* (**C** B6), *Momofuku Noodle Bar* (**C** B3), *Hangawi* (**E** A6), *Pongal* (**E** B6)

Se balader le long de l'Hudson River
La tradition à New York veut que l'on se dépense en plein air, histoire d'oublier les rumeurs de la ville. En suivant les berges de l'Hudson, au nord de Battery Park (**A** C4), la balade sent presque l'air marin, au son du clapotis qui frappe les pontons. Jardins inattendus, bancs accueillants, ports de plaisance au pied des gratte-ciel, il ne reste plus qu'à regarder le soleil se coucher sur le New Jersey, juste en face !

Boire un cocktail romantique
Les cocktails sont à New York ce que le chic est à Paris, une carte de visite glamour au soupçon de romantisme, une affaire qui tourne... Un apéritif de cinéma se sirote en amoureux, dans un club branché avec vue, au Stone Rose Lounge (**F** C6), sur un canapé élégant, au Campbell Apartment (**E** B4), ou dans un bar d'hôtel, très snob, tel le King Cole Bar (**E** A2).

Savourer un burger dans un bar vintage
Ceux qui pensent que tous les burgers se ressemblent ont tort ! Leur goût, leur cuisson, leur texture font l'objet des plus savantes analyses et donnent lieu à de multiples classements. Manger un burger est une chose sérieuse ! Parmi les lauréats, celui du Corner Bistro (**B** B3) présente le double avantage d'être très bon marché et de se déguster dans le cadre patiné et intact de l'un des pubs historiques du Meatpacking District, le très branché quartier des anciens abattoirs.

Se faire une soirée jazz
Né à La Nouvelle-Orléans, le jazz s'épanouit à New York dans les années 1930, au sein de la communauté noire. Une tradition qui se perpétue. Si Harlem, son célèbre Apollo Theater (**H** B2) et ses clubs Smoke (**H** A4) ou Showman's (**H** B2) tiennent toujours le haut de l'affiche, Midtown et le Village comptent des scènes tout aussi réputées : BB King Blues Club and Grill (**D** D3), Dizzy's Club Coca-Cola (**F** C6) ou encore The Village Vanguard (**B** C3).
→ *Consulter le programme et réserver !*

BROOKLYN BRIDGE

Transports et hôtels à New York

Transports à New York

Index des bonnes adresses et des lieux de visite

Les lettres (**A,B,C**...) correspondent au quartier du même nom. La lettre seule renvoie à une adresse (restaurants, boutiques, etc.) . Suivie d'une étoile (**A★**), elle se rapporte à un site ou à un monument.. L'étoile ✪ renvoie à la page "Les incontournables".

BONNES ADRESSES

Achats

Alimentation
Acker Merrall & Condit Co. **F**
Amy's Bread **D**
Chelsea Market **B**
Dylan's Candy Bar **G**
Economy Candy **C**
Grand Central Market **E**
Union Square
Greenmarket **B**
Zabar's **F**

Art
ABC Carpet & Home B
111 Front Street **I**
Chaos **C**
L.A.N.D. **I**
Malcolm Shabazz
Harlem Market **H**
MoMA Design Store **D**
Philip Williams Posters **A**
Spoonbill & Sugartown **J**

Bandes dessinées
Midtown Comics **D**

Beauté, bijoux...
Carol's Daughter **H**
Dinosaur Designs **C**
Tiffany & Co. **E**

Enfants
FAO Schwarz **E**

Fripes et brocante
Beacon's Closet **J**
Housing Works **F**

Gadgets, cadeaux
Blue Tree **H**
Collier West **I**
Pat Areias **G**
Sterling Place **I**
Task **J**

Grands magasins
Barneys **G**
Bergdorf Goodman **E**
Bloomingdale's **G**
Macy's **D**
Saks Fifth Avenue **E**
Target **H**

Hi-fi, audiovisuel
B&H **D**
J&R Music and Computer
World **A**

Marché aux puces
Hell's Kitchen Flea Market **D**
Williamsburg Flea Market **J**

Mode
Abercrombie & Fitch **A**
Anthropologie **D**
Bird **I**
Brooks Brothers **E**
Catbird **J**
Century 21 **A**
DKNY **G**
Eva Gentry **I**
Lilly Pulitzer **G**
Liquor Store **A**
Loehmann's **F**
Manhattan Portage **C**
Marc Jacobs **B**
Michael Kors **B**
Nike Town **E**
Nili Lotan **A**
OMG **B**
Steven Alan **C**
Uniqlo **E**

Musique
A-1 Records **C**
Earwax Records **J**
Jimmy Jazz **H**

Sport
Blades West **F**

Restaurants
Adrienne's Pizza Bar **A**
Amy Ruth's **H**
applewood **I**
Bamonte's **J**
Barbuto **B**
Barney Greengrass **F**
BLT Fish **B**
Bubby's **A**
Café Gitane **C**
Café Luxembourg **F**
Chola **E**
Community Food & Juice **H**
Corner Bistro **B**
Cookshop **B**
Daniel **E**
Dim Sum Go Go **A**
E.A.T. **G**
Ear Inn **B**
Egg **J**
EJ's Luncheonette **G**
Franny's **I**
Gazala Place **D**
Gotham West Market **D**
Grand Central Oyster Bar **E**
Greenwich Grill **A**
Hangawi **E**
Joe Allen **E**
Katz's Deli **C**
La Esquina **C**
La Esquina Diner **J**
Locanda Verde **A**
Mandoo Bar **D**
Manducatis **J**
Market Cafe **D**
Marlow & Sons **J**
Max Soha **H**
Maya **G**
Miss Favela **J**
Miss Lily's **B**
Momofuku Noodle Bar **C**
Nougatine at Jean-Georges **F**
Ocean Grill **F**
P. J. Clarke's **E**
Pampano **E**
Papaya King **H**
Peri Ela **H**
Pongal **E**
Prime Meats **I**
Prune **C**
reBar **I**
Red Rooster **H**
River Café **J**
Roebling Tea Room **J**
Salumeria Rosi **F**
Schiller's Liquor Bar **C**
Serendipity 3 **G**
Spotted Pig **B**
Taam-Tov **D**
The Loeb Boathouse Central Park **F**
The Modern **D**
The New Malaysia **C**
Via Quadronno **G**
Vinegar Hill House **I**
Whole Foods Market **F**
Zaitzeff **A**

Glaciers, salons de thé

Glaciers
Brooklyn Ice Cream
Factory **I**
Grom **F**
Il Laboratorio del Gelato **C**

Salons de thé
Absolute Bagels **H**
Café M **E**
City Bakery **B**
Duane Park Patisserie **A**
F. P. Pâtisserie **G**
Magnolia Bakery **B**
One Girl Cookies **J**
Rice to Riches **C**
Sarabeth's **F**
Sage **J**
Sugar Sweet Sunshine **C**
The Gallery at the Carlyle **G**

Sorties

Cafés, bars
Beauty Bar **C**
Brandy Library **A**
Brooklyn Bowl **J**
Clover Club **I**
Club Macanudo **G**
Dean & Deluca Cafe **D**
Doma na rohu **B**
Edward's **A**
Hungarian Pastry Shop **H**
Juliette **J**
King Cole Bar **E**
Lexington Bar & Books **G**
MOBar **F**
Nuyorican Poets Cafe **C**
Salon de Ning **E**
Smith & Mills **A**
Spitzer's Corner **C**
Stitch **D**
Stone Rose Lounge **F**
Terroir **A**
The Campbell Apartment **E**
Weather Up **A**

Concerts, théâtres, opéra
Barbès **I**
Apollo Theatre **H**
Bargemusic **I**
Beacon Theatre **F**
Bowery Ballroom **C**
Brooklyn Academy
of Music (BAM) **I**
Galapagos Art Space **I**
Joe's Pub at The Public **B**
Knitting Factory **J**
Lincoln Center **F**
Pete's Candy Store **J**
Théâtres de Broadway **D**

Jazz clubs
BB King Blues
Club and Grill **D**
Blue Note **B**
Dizzy's Club Coca-Cola **F**
Lenox Lounge **H**
Showman's **H**
Smoke Jazz & Supper Club **H**
The Iridium **D**
The Village Vanguard **B**

LIEUX DE VISITE

Bibliothèques
New York Public Library **E★**
The Morgan Library **E★**

Édifices religieux
First Corinthian Baptist
Church **H★**
Saint John the Divine
Cathedral **H★**